『安邦武将』系列

JINGTIAN-WEIDI
WUQI

经天纬地 吴起

姜正成／编著

郑州大学出版社
郑州

图书在版编目（CIP）数据

经天纬地——吴起 / 姜正成编著 . —郑州：郑州大学出版社，2018.1

（安邦武将）

ISBN 978-7-5645-4243-6

Ⅰ . ①经… Ⅱ . ①姜… Ⅲ . ①吴起（？ －前 381）－传记 Ⅳ . ① K825.2

中国版本图书馆 CIP 数据核字（2017）第 078741 号

郑州大学出版社出版发行

郑州市大学路 40 号　　邮政编码：450052

出版人：张功员　　发行部电话：0371-66658405

全国新华书店经销

虎彩印艺股份有限公司印制

开本：710 mm×1 000 mm　1/16

印张：14.5

字数：194 千字

版次：2018 年 1 月第 1 版　　印次：2018 年 1 月第 1 次印刷

书号：ISBN 978-7-5645-4243-6　定价：43.80 元

前　言

公元前440年左右，齐鲁大地上诞生了一位卓越的军事家、统帅、政治家、改革家，他就是吴起。

吴起出生在卫国一个富商家庭，父亲是一名商人，母亲是一位大家闺秀。在吴起很小的时候，父亲就去世了，养育吴起的重任就落在了母亲身上，也许正是因为这样的原因，吴起从小就立志要做一番惊天动地的大事业。他四处散财游说，结交权贵，可到了二十几岁，却仍然没有获得一官半职，父亲留给他的家产也被他挥霍得差不多了。这时候，邻里的嘲笑，旧贵族们的讽刺，压得吴起喘不过气来。一气之下，他杀了三十多人。嘲笑、讽刺他的人都付出了血的代价，他也在家乡待不下去了，于是他告别母亲，逃到了鲁国这样一个注重儒学的国家，就学于儒学大师曾申门下，然而不久，母亲去世的消息传来，他痛苦不堪，但为了自己的誓言，他没有回家奔丧，也因此被曾申赶了出来，于是他又开始研究武学，后又娶了齐国田氏的女儿为妻。这时齐军攻打鲁国，为了取得鲁国国君的信任，他杀妻夺帅，一战而胜，名闻列国。没想到，吴起做的这一切不但没有得到鲁国君臣的称赞，反而换来了恶毒的诽谤。

正当吴起绝望的时候，听到魏文侯任用李悝为相，全力推行变法革新的消息。于是他在而立之年义无反顾地踏上了魏国的土地。在这

里他官至西河守，政绩斐然，创建了魏武卒，名震列国。任西河守期间，他还写下了名垂千古的《吴子》一书。然而魏文侯死后，他渐入逆境。继位的魏武侯听信小人的谗言，免去了吴起任职了23年的西河守一职。吴起被迫离开魏国。之后他又投奔了雄才大略的楚悼王。楚悼王先任他为宛守，一年后，改任他为令尹。吴起任令尹期间，在楚国进行了全面的变法改革，仅一年时间，楚国国富兵强，初见成效，对外战争，接连胜利。这时楚悼王不幸死去。因吴起变法丧失了地位和特权的旧贵族乘机发动叛乱，乱箭射杀吴起。吴起拔箭伏在楚悼王尸身上。叛乱分子射杀吴起的同时，也将不少箭射到了楚悼王的尸体上。根据楚律，继位的楚肃王毫不犹豫地追杀了有关的贵族七十余家。吴起临死前，仍不忘用计除掉射杀自己的旧贵族，可见其用兵之神。

吴起的尸体被楚悼王的不肖子孙楚肃王残忍地车裂了。楚国的变法夭折了。楚国也因此失去了统一中国的良好契机。

第一章 青年立志，奋发图强

吴起从小就非常有志气，虽然他出生在一个有钱的家庭里，但他从来都不像那些有钱人家的孩子那样，因为，他看不起那些富家子弟，也不像那些富家子弟一样奢侈淫靡、依仗门第自高自大，不思进取，而是一心想在政治上谋发展，于是在他25岁那年，他毅然决然地离开了自己的家乡和母亲，并发誓“不得将相之职，绝不回来”。

第二章 奔走鲁国，求学奠基

吴起离开家后，来到了鲁国潜修儒学。没想到正当他在知识的海洋里如饥似渴地学习时，却传来了母亲病逝的消息，吴起泣不成声，悲痛欲绝。但想到自己当初走的时候向母亲发的誓言，吴起没有回家守孝，也因此被老师曾申赶出了师门。于是他决定弃文从武，经过几年刻苦研读，他从这些兵法中吸取了宝贵的养分，为他日后成为军事思想家奠定了基础。从此，吴起便开始了仕途生涯。

第三章 杀妻夺帅，初展雄才

吴起在当上鲁国的大夫之后，娶了齐国田居的女儿为妻，婚后的吴起可以说是家庭美满，和谐幸福。但是为了得到鲁穆公的信任，吴起杀了自己的妻子。鲁国这才勉强任用他为鲁国的统帅，吴起为鲁国

第一章

青年立志，奋发图强

吴起从小就非常有志气，虽然他出生在一个有钱的家庭里，但他从来都不像那些有钱人家的孩子那样，因为，他看不起那些富家子弟，也不像那些富家子弟一样奢侈淫靡、依仗门第自高自大，不思进取，而是一心想在政治上谋发展，于是在他25岁那年，他毅然决然地离开了自己的家乡和母亲，并发誓『不得将相之职，绝不回来』。

富而不贵

西周初年，周公在平定东方殷商故土的叛乱活动后，任命其弟康叔（也称康叔封）坐镇河、淇间以控驭东方。他对康叔谆谆告诫的治国方针，均保存在《尚书》的《康诰》《酒诰》《梓材》等名文中。康叔初封于康，铜器铭文中常见的康侯、康公，都是指康叔或其子嗣，后来不知道什么时候改康为卫。西周末年，卫武公在政治上非常活跃，周平王东迁也曾得到了他的支持。春秋之初，卫国仍是东方的大国。公元前660年冬天，散居冀北、冀东的狄人攻打卫国。这时卫国的君主是卫懿公。卫懿公是一位有些怪癖的荒唐君主。他喜欢鹤，在他的苑圃里不仅养有许多鹤，而且让鹤住到他的宫殿里，让鹤吃甘美的食物，出门时要让鹤乘坐大夫乘坐的轩车，但他对臣民却不管不闻，任由其冻死饿死。国人对他简直是恨之入骨。狄人进攻时，国人都生气地说：你对鹤那么好，让鹤去打仗吧。鹤享有官爵禄位，我们哪里能作战？卫懿公没有办法，只得自己率军应敌，结果兵败被杀。狄人吃尽了他的肉，却舍下他的肝，怕沾染上他的荒唐无能。最后，卫国遗

民五千余人在宋的资助下临时寄居于漕。接着，齐桓公率诸侯修筑楚丘，帮助卫在此重新建国，并派一支齐军驻守保护，齐国也因此在中原国家树立起很高的威信。

卫文公艰苦创业，发展生产，到晚年时，军力增长了十倍，后又吞并了邢国，国势复兴。卫成公六年（前 629），卫为了避免狄人的侵扰，再次迁帝丘。经过百余年的休养生息，再次呈现出经济繁荣的景象。

春秋以来，由于生产力的发展，奴隶主驱使奴隶自己开垦荒地，这些田地成了奴隶主的私产。由于奴隶不断地反抗和逃亡，一些奴隶主改变了对他们的剥削方式，变成了出租田地给劳动者，让劳动者交出大部分产物作为地租，自己只留一小部分维持生活。这样，占有大量土地的奴隶主，逐渐成为封建主，为地主耕种田地的奴隶逐渐成为农民，封建地主与农民两个新兴的阶级产生了。各国地主阶级为确立封建统治，发展封建经济，纷纷寻求富国强兵之路。

铁器的广泛使用，牛耕的推广，水利的兴建，推动了农业、手工业、商业和城市的发展。楚国的宛、赵国的邯郸，冶铁业发达；齐、燕以产海盐著称；魏国的池盐也很有名。当时，北方的马匹，南方的象牙，东方的鱼盐，西方的皮革，在中原的市场上应有尽有，一些大商人靠囤积投机，家累千金。

越王勾践的重要谋臣范蠡，在灭吴以后，退隐民间，弃官经商，先到齐国，后又到交通便利的中原，积累了二十年，成为著名的大富商，自号陶朱公。

孔子的弟子子贡也善于经营，并且能准确预测商情，家累千金，是孔门弟子中最富的一个。他曾带着礼品，率领成队车马走访各国，

同各国国君平起平坐，影响很大。

但是在奴隶制开始崩溃还没有彻底废除的条件下，这些大商人大都富而不贵，得不到社会应有的尊重，社会地位比较低下，甚至不能保护自己的利益。

吴起就出生在这样一个富而不贵的家庭里。他家累千金，却不能跻身统治阶层。没落的旧贵族、封建化的地主，把持政权，靠着优越的门第，不思进取，受传统的士农工商观念的影响，对这些富商子弟，处处以鄙视的眼光、不屑的神色相看待，甚至对他们心怀嫉恨。统治阶层常常运用所掌握的特权对富商进行限制、打击、巧取豪夺。

吴氏夫妇是刚烈好胜之人，指望后人能够继承祖业、支撑门户，为家中挣一口气。所以，吴起的降生给年近半百的吴氏夫妇带来了喜悦和希望，他们都希望吴起能够改变这个家庭的社会地位，更希望他能修身、齐家、治国、平天下。吴起果然不负父母的期望，两度位极人臣，名留千古，不过这都是后来的事情了。

吴起小的时候聪明伶俐，深得父母的疼爱。不幸的是，吴起才几岁的时候，父亲就染病身亡。吴起和母亲孤儿寡母备受歧视。刚强的吴氏在丈夫死后，独自支撑起了整个家庭的门户，经营产业，抚育幼儿，生活十分艰辛。为了能让吴起接受良好的教育，吴氏不惜劳累将家迁到了文化较为发达的卫都沫。卫都沫地处在广阔无垠的华北平原上，邻近黄河、济水，周围又是当时的经济文化中心定陶和曲阜。卫国的贵族、富豪云集于此。贵族富豪家的子弟们常常聚在一起，穿着华丽的衣服，骑着高头大马，比奢侈，聚赌狂饮，追逐声色。吴起当然也免不了和当时的纨绔子弟一样追求过这种纸醉金迷的生活。

但吴起不同于一般的富家子弟。他心有大志，既瞧不起富家子弟

的奢侈淫靡，也瞧不起贵族子弟的依仗门第自高自大、不思进取。母亲严格的家教，备受歧视的社会地位的刺激，变革中的社会机遇，使他不满足于醉生梦死的生活。他向往权利，追逐功名，立志要做一番事业。

战国时期，列国纷争，战乱不已。诸侯国之间的兼并战争比春秋时期更为频繁，更加剧烈，战争对人才的需求也更加迫切。各国统治者为变法图强，纷纷摆出礼贤下士的面孔，千方百计招揽天下英才为自己所用，世卿世禄制度已无法维持。身怀一技之长的文武之士风尘仆仆于列国道路间，四处游说诸侯。推销自己，猎取功名富贵，成为时代风尚。吴起就在这样的时代氛围中成长，并造就了他辉煌的业绩、坎坷的一生。

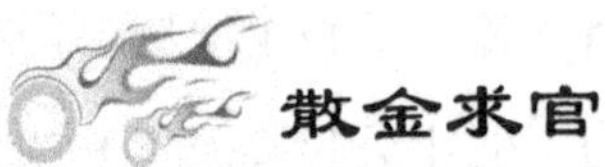

散金求官

吴起自幼喜欢舞刀弄枪，在兵连祸结的时代，他年少有志，决心从小练就本领。长大后做一番事业，在政治上飞黄腾达，出人头地。步入青年时代，虽然成婚，他并不迷恋儿女私情。他崇尚法家，身体力行，处处重法、重信。吴起有一个很漂亮的妻子，她善于丝织，能织出带有美丽图案的丝绸腰带。有一次，吴起需要一条比较宽的腰带，就请妻子为他织一条，并告诉了妻子他需要的宽度。不久，他的妻子把腰带织好了。吴起一试，发现没有达到他需要的宽度。于是就叫妻子重新为他织一条。但是第二次织出的腰带还是不符合吴起的要求——仍然是窄了。妻子看到吴起生气了，就连忙解释说："我一开始织的时候就把经线上少了，再织就很难改变腰带的宽窄，所以第二次织出来的也是一样的窄。"吴起没有原谅她，立下休书与妻子离婚了。他这么做是因为妻子违背了他的法治思想——法治讲信，答应下来的事情就一定要办到，如果答应了不办或办不到就是无信，无信的人是不能与他交朋友的，更不能结为朝夕相处的夫妻了。在守信上，吴起自己一向都是以身作则的。很多年以后，吴起已经是一个非常有地位的人物了。一次，吴起在外出的途中遇到一位老朋友。吴起邀请这位老朋友到家中吃饭。吴起的朋友觉得他只不过是随便一说，并不是真的要请自己吃饭，便推辞道："我这儿还有点事儿，以后再说吧！"吴起说："那就请到我那儿吃晚饭，我等你来时一起吃！"那人就随口答应了。吴起回到家就命人做好了饭菜准备与朋友一起吃晚饭。可是他的朋友并没有来。吴起将饭菜摆放好，坐在桌边一直等着朋友。到第二天一早，吴起就派人去请那位朋友，朋友来了才与他一起吃了饭。吴起对"信"的重视由此可见一斑了！

吴起虽然有雄才大略，却不能得到发挥自己才能的机会。吴起自己对此非常苦恼。他想到了父亲为他留下的家产，打算用金钱打通通向自己理想之门的重重关卡。

于是，吴起开始经常出入公卿将相之家。每到一家，总是先递上

丰厚的礼物，然后恳请这些达官贵人为自己在官府里谋一个职位。但每次得到的答复却总是这样的话：“不好办呀！现在还没有什么空缺。”“过些日子再说吧。”吴起看着自己的钱白白地花出去，非常气愤。其实，那些贵族官绅之所以对他置之不理，一方面是受世袭制的影响，认为吴起既然不是贵族，那也就别想当官儿，而更为主要的是吴起的妻子从中作梗。原来，吴起的妻子是一个非常有权有势的人家的女儿。她的兄弟当时很受卫国国君的赏识，被委以重臣。在吴起休妻后，他曾试图以自己的地位迫使吴起收回休书——与其姐复婚，但是没有成功。他恼羞成怒，当听说吴起“散金求官”的事情，便四处活动，利用自己的地位、权力和与上层社会的关系来阻挠此事。

吴起雕像

对此，吴起自己却被蒙在鼓里。等到家中的财产差不多都填到了那个无底洞中时，吴起终于明白了：他就是把整个家都送给这些贵族，也不会有任何结果的。同时一些贵族对他的讥笑也渐渐地传到了他的耳朵里：什么“吴起这傻瓜，有日子不知道好好过！”“花这么点钱，就想当官！”“吴起也想当官？做梦！”这些尖刻的话像匕首一样刺伤了吴起的自尊心。富于反抗精神的吴起愤怒了：“士可杀不可辱，我吴起就得让你们付出代价！”于是吴起精心策划，将 30 多个曾经公开或私下里侮辱过他的贵族一一杀死了。

吴起自知闯下弥天大祸，再也不能在本国待下去，只好离开卫国，到别的地方去游学求仕。临行前辞别母亲，他咬伤自己的胳臂，跪着对母亲发誓：“我若不能官至卿相，决不回来见您老人家！”母亲老泪纵横，不忍儿子离去，吴起志向如铁，含泪叩首，毅然别母，径自向东而去。

第二章

奔走鲁国，求学奠基

吴起离开家后，来到了鲁国潜修儒学。没想到正当他在知识的海洋里如饥似渴地学习时，却传来了母亲病逝的消息，吴起泣不成声，悲痛欲绝。但想到自己当初走的时候向母亲发的誓言，吴起没有回家守孝，也因此被老师曾申赶出了师门。于是他决定弃文从武，经过几年刻苦研读，他从这些兵法中吸取了宝贵的养分，为他日后成为军事思想家奠定了基础。从此，吴起便开始了仕途生涯。

潜修儒学

告别老母亲，吴起策马东驰。广阔的大平原，一望无际，吴起说不出心中的滋味。别母的惆怅，对旧贵族的憎恨与厌恶，壮志难抒的郁闷……但向母亲立下的誓言时刻在耳边轰鸣。想到这些，他心里百感交集。不为卿相，如何对得起早逝的父亲？不为卿相，如何对得起母亲的苍苍白发？过去的不可能再拥有，展望未来，如何才能实现自己的宏愿呢？再像以前那样周游列国吗？不！他再也不能忍受旧贵族不屑的嘴脸，再不愿看他们平庸、自私的面孔。对旧贵族的恨已深入吴起的灵魂。他边走边思考，想到自己的学识还不够渊博，决心苦读，以求“学而优则仕”。

吴起回头望着留在山头的残阳和如血的暮云，乡关何处，不禁心头涌起一阵悲凉。然而，抬头看，东方是一望无际的平原，那里是希望的所在，那里是卿相的摇篮。吴起系紧了挎在肩头的包袱，握牢了腰间的宝剑，毅然奔赴东方。

吴起只身从卫国逃出后，经过考虑，他选择了读书求官这条道路

来实现自己的政治抱负。公元前 415 年，他来到鲁国，投到大儒家曾申的门下，潜心学习儒学。

鲁国是春秋时期的一个强国。称霸一时的齐桓公即位之初，曾出兵攻打鲁国。结果鲁军在名将曹刿的指挥下，一鼓作气，大败齐军。后来，齐桓公在打败北狄之后，为了联合鲁国，还将缴获山戎的宝器以进周公之庙的名义送些给鲁国，但到了春秋末期，即鲁襄、昭、定公时，鲁国三桓一再瓜分公室，并逼走了鲁昭公，国乱长期存在，综合国力降低。此时，鲁国三桓的势力也已大大削弱，公仪休等儒者主政，鲁国作为一个三流的小国艰难地维持着。

鲁国是儒家的天下，它是儒家的创始人——孔子的故乡。这里儒学风气非常浓厚，尤其是当吴起来到鲁国的时候，孔子的孙子子思和泄柳、申详为鲁国的卿（诸侯所属的高级长官），儒家思想在鲁国占了统治地位。吴起的老师曾申就是孔子的得意门徒曾参的儿子。

鲁国因设周公之庙，一直被称为礼仪之邦。孔子是我国古代的大思想家、教育家，他提出“仁”“爱”的学说，要求统治者能体察民情，爱惜民力，反对苛政和任意刑杀。他的学说后来被封建统治者利用和改造，成为我国两千多年封建文化的正统思想。他兴办私学，广收门徒，先后经他培养的学生有 3000 多人，其中出名的有 72 人。在孔子以前，文化教育被奴隶主贵族垄断，只有他们的子弟才能受教育。孔子办学，不问出身，打破了只有贵族子弟才有权受教育的传统。孔子的学生非常尊重老师，孔子死后，他的学生们为他守孝三年，以示敬重。

一进入鲁国的疆界，吴起便觉得这里的天地与他的故乡卫城大不一样。虽然已是初冬，田野里并无庄稼，但经过农民深耕细作，松软

而滋润，一垅垅一畦畦都规整、均匀，显示着农民对土地的喜爱和劳作的精心。唔，铁！这也是铁的功劳，铁制的铫，铁制的铧，铁制的耜，铁制的钰。就是这些神奇制品，给鲁国的农民带来一个个丰收的秋天。吴起来到曲阜城外已是黄昏时分，他找了一家旅店住下来，打算明天再进城去。

店主是个和颜悦色的老者，对远方来客很热情，他一边为吴起整理床铺，一边有声有色地介绍曲阜城内城外名胜古迹和歌场酒肆。晚饭时，有酒有肉，不收分文，吴起执意付钱，店主捋着花白的胡须说："这是为先生洗尘，不收钱。先生初到曲阜，对这里的民俗民风不知晓，鲁国虽小，臣民以礼义为重，从不唯利是图。看你是个浪迹江湖的游侠，老汉愿与你交个朋友。鲁国虽小，却以道德文章名闻四海；曲阜虽狭，也堪称卧虎藏龙之地。先生听说过孔丘孔夫子吗？"

"久仰其名。"

"见不着了。老夫子死了六十年了。如今他的孙子孔伋还在，就在鲁君的朝里为官，听说也是一位有学问知礼义的人呀！"老店主叹了一口气，流露出无限的仰慕和怜惜之情，"唉，一个个都死了，曾参死了，冉有死了，子路死了，子张、子由都死了。"

吴起对店主如数家珍般地叙述孔门弟子的生卒详情颇为纳闷，便说："老伯何以如此明晰孔老先生和他的弟子们的详情？"

"实不相瞒，我的父亲也曾听经于杏坛，是孔老夫子三千弟子中的一名。"

"唔，原来是孔门儒生之后。那我以后要多多请教了。"

"怎么？你也想尊孔读经？"

"我想知道的是谁还在继孔夫子之业，授儒家之学。"

“有。在曲阜五里之城，九里之郭内，大大小小的乡庠所，教学者都是儒家子弟。最有名的是由曾参的儿子曾申创办的，这所国学受鲁穆公关注和公仪休宰相的喜爱。学子来八方，不下百人。曾参是孔老夫子的得意门生，以孝道著称的曾申得其家传，也一日三省其身，慎终追远。真是有其父必有其子呀！”

吴起听了店主的话十分喜悦，仿佛心里踏实了许多。于是拜谢店主说：“多蒙老伯赐教，明日我就到曾申门下拜师。请问，这位老师收学生要多少费用?”

“听说也沿用了孔老夫子的准则，每个学子交给老师肉，衣食自理。”“唔，知道了。”

吴起第二天就备了十束干肉，到曾申门下去拜师，曾申一见是个游侠打扮的卫国人，立刻把他赶出门去。吴起不死心，第三天，向店主借了一身衣服，拿上十束干肉，再去一趟。

吴起峨冠博带，迈着缓慢的四方步走到曾府门前。他没有立即上前叩门，他知道若说出自己是卫国人，就会被那个门官赶出来，如何是好呢？他在门外徘徊片刻，突然想起孙武的一句话“兵不厌诈”。对，诈。为了达到目的，用任何手段都是无可指责的。吴起决心行诈了，他把帽子拉得低低的，用沙哑的声音憋出一句话来：“门官，请禀报曾师，说鲁国儒生吴起求见。”

门官没有看清吴起的脸，也第一次听到这个沙哑的声音。心中暗自思忖：儒生？又是儒生。鲁国的儒生比蝼蚁还多，天天有人上门投师问教，若来者不拒，还不得把老先生的宅院撑破了。不行，我得先看看是不是学儒的料，免得收下愚鲁之辈，让先生劳而无功。这位矮门官迈着碎步凑到吴起胸前，仰脸想看看天已的面貌，可是他的眼前

却出现了两枚不方不圆的物件，恰好遮住了双眼。他伸手想把这物件推开，却听到一个沙哑的声音在他耳边低低地叨念："不必推辞，收起来吧，这是我的一点心意。"这是什么声音？这是谁的心意？唔，就是这位看不清眉目的天已吗？适才沙哑的音色，忽然变得清亮而悦耳，使人百听不厌，恨不能天天听到这种声音。听曾先生讲，老一辈的孔夫子爱听韶乐，在齐国听了韶乐，舌头都麻木了，鼻子都不通了，整整三个月吃肉都不知道是什么味道，像嚼柴木棒子似的。我没听过韶乐，这"一点心意"的声音，也许就是《韶》乐吧，不然为什么如此美妙绝伦。

门官的手举起来了，他没有推开眼前晃动的物件，而是把它们紧紧地攥住了。忽然，他的眼睛亮了，双手颤了——手心里有三枚钱币。他的嘴咧开了，他的眉舒展了，他的脚步加快了，他蓦然回首，莞尔一笑："先生，你稍候，我立即去禀告曾老夫子。"

片刻，门官出来说："先生，请进。"

吴起随着门官走进曾府。到了客室门外，门官彬彬有礼地说："请进，曾夫子在里面恭候。"

吴起走进客室，一句话未说，便遵照店主的吩咐，煞有介事地行了三揖九叩首的大礼。曾申一面受礼一面想：唔，这位后生礼节周到，不像昨日那个叫吴起的。是的，鲁国与卫国一个是诗礼之邦，一个是游侠之乡，教养出来的人也迥然而异。难怪韩宣子到了鲁国惊叹："周礼都在鲁国呀！"如果韩宣子也到过卫国，他一定要哀叹："游侠刺客的渊薮就是卫国了。"呜呼，同是周公一族的封邑，后人却文野分明，可叹可悲哉！

吴起异常严肃地行着礼，一不小心，压在眉梢的高帽子砰然落地，

滚到曾申脚边。曾申猛然抬眼，唔，这个人好面熟呀！这不是昨日提着干肉来求学的那位狂人吗？他用手一指："站起来，你不是卫国左氏的吴起吗？昨日我已把你逐出，今天为何又潜入府中？"

"老先生息怒。我吴起是个不谙周礼的野人，与鲁国的臣民相比，我是不完善的人，战战兢兢地来此，再求先生不念野人之过收我为徒，我定废寝忘食地跟从先生学诗学礼。"

"你不要再说下去，我不愿听你这种欺人之谈。你走，立即从这里出去！"曾申随手拿起案上的戒尺，指着吴起。"出去，再不走我要赶你轰你了！"

吴起低头不语，任凭老先生训斥，但当他听到曾申要轰他出府时，他的脸色变了，气息粗了，他伸手从宽大的儒服内抽出那把明晃晃的宝剑，两眼圆睁，对着曾申高呼："你看我手中是何物！"

"怎么！你敢杀人？"

"我杀过人，我敢。"

"你要干什么？"

"我只要你说一句话，今天收不收吴起为徒？"

"收了如何，不收又将如何？"

"收了，弟子在先生门下努力读书学礼……"

"不收呢？"

"若不收我为徒，今日吴起的宝剑就要溅血了！"吴起右手握住剑柄，左手抚摩剑刃双眼闪闪放光，直视着曾申。

曾申瘫坐在席子上，戒尺砰然落地。

曾申自幼从父学诗学礼，所见都是文质彬彬的儒生学子，所闻皆是琅琅书声和柔美的琴瑟之音，何曾见过这般横眉竖目的狂人，何曾

听过如此咄咄逼人的吼喊。他有些惧怕了，他怕那把锋利的剑会落在自己颈上，他相信不学《诗》不通《礼》的狂人大都轻生，他们对于别人的生死也不太看重。今日我遇上吴起，只恐生死难料了。他定了定神，温和地说："吴起，就为了不收你为徒，你竟要杀我吗？"

"先生，你误会了。我的宝剑不是要杀你，而是要自裁。"

"怎么？你要砍下自己的头？这是为什么？"

"人应活得有志气，有作为，吴起已经二十六岁了，碌碌无为，一事无成。听人说，孔夫子的国度里学而优则仕，我就是怀着这种抱负来到鲁国的。在曲阜城里我遍访贤士庶民，人人称赞曾氏的家教，曾氏三代相传的孝悌之本，我便毅然走进先生的大门。未曾想我这一片赤诚却遭到先生的藐视，第一次你把我赶出大门，我虽然受到冷遇和羞辱，但并未气馁。我借来儒服，学了鲁国的礼节，又战战兢兢地来到曾先生面前，谁料先生却一言未问，手挥戒尺再次赶我出府。我无颜走出你的大门，更无颜回到居住的小店。在卫国我没有生路，来到鲁国又无处容身。何处是我的前程？何处是我的归宿？曾先生，你不要阻拦，就让我死在老师的面前。如果人死之后还有魂灵，我愿让我的魂灵追随先生，日日听你讲授《孝经》和《左氏春秋》，以遂我多年求师问道的心愿。"

吴起如泣如诉的言辞和谦恭虔诚的仪表使曾老先生非常感动，他急忙上前攥住吴起的手腕说："吴起，你不必如此，我答应收下你就是了。"

"谢恩师。"

吴起重整衣冠，端端庄庄地又行了三揖九叩首之礼。

曾申忙扶起吴起，叫他坐在自己身旁，执手而问，亲切又和蔼：

“吴起，你不远千里从卫国来到鲁国，家中父母不牵挂你吗？”

“父亲已去世多年，家中只有老母一人。”

“唔，吴起，有这样一句话你听说过吗？”

“先生请讲。”

“父母在不远游，游必有方。”

“这是孔老夫子的名言。”

“是的。父母健在之时，儿子尚不能辞亲远游，何况父亡母存，你怎忍留下孤独的老人自守空房，形影相吊呢？”

“我母是深明大义的女子。吴起幼年丧父，全依靠寡母抚养教诲，为了儿子的前程，她含辛茹苦，挑起慈母和严父的双重担子。我此次离家远行，母亲把我送出东门，千叮咛万嘱咐，让我到鲁国求师学道，莫要牵挂家人，还说要养好身体，等待我学成归来。”

曾申对吴起描绘的这位母亲产生了钦敬之情，他想象到这位年迈的女人送走儿子之后，回到家里会何等凄凉和悲哀，那盏生命的残灯，究竟能燃烧多久，还能在有生之年看到儿子学成归来，衣锦还乡吗？他想到这些，不仅对吴起的母亲产生了怜悯，连带着，也觉得吴起是值得同情和谅解的了。他轻轻拍拍吴起的背说：“好，跟着我吧，我就是你的严父。我喜欢你，可是你要有所准备，爱之愈深责之愈严。这个道理你懂吗？”吴起慢慢点头。

吴起在曾申的教导之下开始读书了。这一日，曾申讲了一个故事，说叶公对孔子说他们家乡有一位正直的人，出面告发他的父亲偷了别人的羊。孔子不等叶公说完便打断他的话，说在我的家乡是父亲为儿子隐瞒，儿子为父亲隐瞒，这才是父子之间应有的正直品德。

吴起听了这个故事，很难赞同孔夫子的言论。他觉得儿子告发父

亲偷羊精神可嘉，他质问曾申说：“父亲偷羊要替他隐瞒，若父亲杀了人，也要替他隐瞒吗？如果被杀的人是父亲的父亲，也该为这个忤逆不孝的凶手隐瞒吗？”

先生被学生问得张口结舌，不知如何回答，只得又搬出孔夫子来：“吴起，孔子曰：‘君子有三畏，畏天命，畏大人，畏圣人之言。小人不知天命而不畏也，狎大人，侮圣人之言。’年轻人，你不仅不畏圣人之言，还要怀疑和反对它，应反省反省自己是君子还是小人了。”

先生的话说到这种地步，学生还有什么话可讲呢。不过吴起的性子是躁的，在他的心目中什么天命、大人、圣人之言都不可畏，他认定将相无种，不是龙必生龙，凤必养凤；将相可以沦为庶民，庶民也可成为将相。他就是本着这种信念弃卫投鲁，拜于曾子门下的。数年来游历四海，所闻所见甚多，深知天命可违，大人也许正是小人，圣人之言未必句句是至理。一个有志的人，在任何人面前都可无畏地说个“不”字，不必低眉折腰诺诺连声。可是眼前的情景，又使吴起心情非常矛盾，曾申虽然刻板迂腐，却是个正直的人。他满腹经纶，特别是给学生们讲授的《左氏春秋》生动而翔实，能引人入胜，发人深省。吴起不愿离开眼前这位老师，在他的责备面前，只得缄口不语，任他奚落和教训了。

曾申见吴起低头不语，以为他已心悦诚服地接受教训，便缓和了口气说：“回去好好想想，要多思。‘学而不思则罔’，这是孔老夫子说的。”

“是的。学生记住了。”吴起唯唯而退。

吴起在曾申门下学习，不辞辛苦。经过一个时期的苦读，吴起对儒家的仁、义、礼、智、信等内容有了系统的了解，这对他后来的政

治实践活动产生了一定的影响。

时光易逝，转眼到了春天。吴起与二三学友出外郊游，来到城北的泗水之滨。泗水不是大河，也无大河东流浩浩荡荡的气势，而且这条发源于沂蒙山麓的河流，不像俗语说的千条大河终归东海。它独辟蹊径，款款西行，走进百里烟波的南阳湖。

春日的河边是迷人的，岸上有松软的沙土，沙土里冒出一堆堆一片片的青草，偶尔有几束不知名的小花闪烁其间。河水流得滞缓，扑到河底的石上便溅起白色的浪花，浪花碎了，泡沫消了，河水便漫过石子和水草汩汩流走。吴起凝视着河水，也不禁发出孔夫子般的感叹：唔，逝者如斯夫，不舍昼夜。是的，岁月就像河水一样流去了，秋去春来，自己又长了一岁，再过一千多个昼夜，我就到了“而立”之年。三十而立，我吴起三十岁能立吗？能有位有禄吗？能封相拜将，乘肥马衣轻裘回归左氏吗？还有我那年迈的母亲，生我养我受尽劬劳。东门之外，母子离别的情景历历在目，临行的叮嘱铭刻在心。不为卿相，我已无颜再回故里，再见母亲。“学而优则仕”“学也，禄在其中矣”。这都是孔夫子说的话，可是他自己的仕途并不顺利，所谓禄，也不过是在鲁国当了个司寇，能食多少俸禄？在周游列国无人信仰他的主张时，他不禁失望地说：“道不行，乘桴浮于海。”可见“学而优则仕”在鲁国也未必可实现。想到此处，吴起不禁悲伤起来。在回城的路上，他一言不发，惹得学友们议论纷纷：呵，吴起是在河边遇上鬼了吧？

吴起没有搭理他们，快快地回到自己的住处。店主把一封信交给他，说送信人是路过曲阜到临淄省亲，因为你不在，人家又要赶路，便丢下信走了。那人不愿留名，只说与吴先生的娘舅是朋友，受你家

老太太之托，特意绕道此地与你送信的。

吴起心里异常感激这位不知名的热心人，谢过店主便回房看信，信是母亲写的，她粗通文字，字写得娟秀而雅朴。吴起见字如见人，几乎是含泪拜读，母亲想念他，常在梦中与他相会，醒来两手并未牵住儿子，于是哭到天明；母亲病了，食量锐减，日渐消瘦，恐风烛瓦霜难以长久。吴起流泪了，哦！我的母亲是天下最完美最善良的人。为了儿子劳碌半生而今已积劳成疾，朝不虑夕，仍不愿让儿子堂前侍母行孝。母亲，我应当回去看望你，我必须回去呀！可是我能这样回去吗？我是在母亲面前咬破胳臂发过誓的，再见到母亲时我能依旧是先前模样，只不过帽子高了，袍子宽了，乡音改了吗？孔子说作为仕的最低要求，也得言必信，行必果。如今，学业未成，仕途寸步未进，若回乡省亲，岂不半途而废。不，不回去，不能回去。啊！贤德的母亲，请你谅解儿子的处境，安心在病榻之上调理将养，安全地渡过这一关吧。

吴起彻夜难寐，凌晨才合上眼，就听见店外响起鼓乐之声。店主风风火火地跑进房来，告诉吴起，鲁穆公求贤不得，孔子的孙子孔伋举贤荐才，穆公大喜，请吴先生去做他的宰相。文武百官已经在店外恭候新宰相上任了。吴起被武士们架上大车，驭手扬鞭催马，大车驶入鲁宫。鲁穆公起身降阶而迎，责备自己闭目塞听，泰山立于侧，视而不见；雷霆鸣于顶，听而不闻，险些误了鲁国的霸业。于是命左右抬来绣垫，让吴起坐在他的身边，受文武百官的膜拜。吴起惊恐，茫然不知所措，连连摆手表明自己无德无能，不敢接受如此的重托，也担当不起鲁国群臣的大礼。

一切解释、推脱无济于事，鲁穆公的意志是不可改变的，他只好

答应下来。吴起毕竟是个非凡人物，他尊贤敬士，勤政爱民，不出三年，竟把个国弱民贫的鲁国治理得国强民富。鲁穆公被誉为称霸诸侯的第二个齐桓公，吴起也因相穆公，霸诸侯，一匡天下，被人们赞为管仲了。他实现了自己在母亲面前发下的誓言，他可以理直气壮地回到卫国了。他还仿佛记得娘舅的朋友曾经带来过母亲的书信，母亲病了，很想念他。吴起决定回乡省亲，翌日起程，一路人欢马叫，前呼后拥来到了卫国。卫慎公因自己的国家出了一位宰相非常高兴，派他的宰相出城迎接，并陪同吴起来到左氏省亲。吴起回到家中，见庭院生草，堆物狼藉，一片败落景象，不禁心里一阵悲伤。他疾步走进上房，见母亲坐在织机上。原来母亲正聚精会神地织着布。呵，这织机的声音多么熟悉啊，几年前上面是妻子的身影，她年轻洒脱美丽，如今织机上坐着瘦弱苍老的母亲，呵，母亲呀，起儿不孝，将家产散尽，使你在垂暮之年，布衣蔬食，过着清苦的日子。可是，母亲啊！如今好了，儿子当了宰相，你看肥马高车，峨冠轻裘，儿子回来了。可是任儿子怎样呼叫，母亲在织机上凝然不动。吴起上前拉住母亲的手，啊，手是冰凉的，脸无半点血色，眸子已不转动。母亲，你是等儿子等得血干了，泪干了，心碎了，肠断了吗？吴起痛苦地摇着母亲的手，而母亲那双握住机杼的手牵动着整个织机在摇晃，机下的地也动了，机上的房也摇了，机旁的墙也晃了，天地都在振荡。于是墙塌了，柱折了，整个大厦倒了，吴起呼天叫地大吼一声：“母亲——你等得好苦!”

吴起被自己的叫声惊醒了。呵，梦，一个多么怪的梦啊！梦是要解开的，这个梦又预示着何种征兆，何种归宿呢？

吴起的头隐隐作痛，冷汗湿了内衫。他披衣坐起，窗外已是晨光

熹微了。

一整天吴起都心神不定。虽然他坚持来听曾先生讲授《左氏春秋》，可是注意力屡被昨夜的噩梦分散或夺去。当曾师讲到庄公基十年齐鲁长勺之战时，吴起钦佩曹刿的胆量与智慧。当齐国大军之时，鲁国朝野震动，鲁庄公准备迎敌，大小官员齐集共同计议如何破敌，这时非卿非相，甚至连个大夫也不是的黎民百姓曹刿来了，而且要求晋见庄公。他不但藐视那些食肉的官员，而且当面指出：庄公对其臣民实行的小恩小惠，不能使他们设身处地为你去效力；祭祀神灵和祖宗时规规矩矩不敢多用一件，否则神与祖也不会保佑你；只有以爱民之心去处理诉讼事件，才能看出你是为民办事，有这一条就行了，仗可以打。吴起想，齐鲁是邻邦，两国之间过去有长勺之战，今后还会不会有讨伐，两国又在别的地方打起来呢？一定会有的。到了那时，如果我仍是一个庶民，没有步入“食肉者”之列，我就要那样昂首阔步入宫，力排众议，为鲁公献出破齐之策，甚至亲临疆场，指挥将士把齐国入侵者打个弃甲曳兵而逃。但是曹刿“一鼓作气，再而衰，三而竭。彼竭我盈，故克之”的几句论断我不能赞同。我若是齐国统帅，会把战前的一切准备做好，我不用三鼓而后攻，而是一鼓作气便率师冲杀过去。则我师的士气不会衰，更不会竭，因而战必胜攻必克。可惜，齐军的统帅战术千篇一律，毫无变化，使鲁军知彼知己，打了个以少胜多、以弱胜强的好仗。此时的吴起浮想联翩，竟恍恍惚惚神游于千里齐鲁之野，仿佛听到了两国将士的呐喊和兵刃相击的铿锵之声。唔，如果我也能身披铠甲手持宝剑，统率千军万马驰骋疆场，为贤明的君主效力，成就其王霸之业，该是一件多有趣的事啊！吴起激动地站起身来，仰天长啸一声：“好呵——”竟忘了此时此刻他是坐在曾

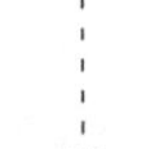

申先生的讲坛之下聆听教诲的学生。

"吴起，坐下听讲。"曾申的话仿佛说得很平静，但却是一字千钧不容违拗的，"好呵，你说什么好呵？你在想什么？"

吴起此时完全从无比激动亢奋的情绪中走出来了，他看见曾老师和四座的同窗学友都用惊奇的目光乜乜斜斜地望着他，情知自己的失态，便窘怯地扫视周围，狡黠地说："我说——好一个智者曹刿，令我钦佩折服……"

曾申明知吴起并未专心听讲，方才的话只不过是搪塞、敷衍，便嫌恶地掷过一句孔夫子的话："巧言令色，鲜矣仁。"

吴起忍受不了这种指斥，他眉头紧蹙，强忍胸中闷气说："曾先生误解我了，吴起听你讲授《左氏春秋》，就如同孔老夫子在齐国听到《韶》乐一样，迷醉到'三月不知肉味'呀！"一句话引得学友们哄堂大笑。曾申举手制止，而嘻嘻、咕咕、唧唧的声音仍然不绝。他感到自从在曲阜设坛讲学，从未遇到过吴起这样的学生，虽然他教出来的学生受到各方的称赞，但也从未有人听他讲学如孔夫子在齐闻《韶》而三月不知肉味，这分明是吴起在反唇相讥，在哗众取宠。一种厌恶之情在曾申心中油然而生，他有些后悔当初接受干肉，收下这个不安分的学生了。

曾申小瞧吴起，断定他是个不会有多大作为的人，而吴起对曾申的知识学问却是钦羡的。从他讲授的一部《左氏春秋》里，吴起系统地了解到从鲁隐公元年至鲁哀公二十七年长达二百五十五年中，周王朝及诸侯国之间发生的某些重大事件，真实地描绘了当时的社会生活。王公贵族荒淫残暴，百姓平民在兼并战争中受尽了苦难。这部书叙述复杂的历史事件和描写频繁的战争时，是如此有条不紊，活灵活现，

人物性格突出，语言生动形象，读得吴起废寝忘食，爱不释手。然而他对这本书也有不满意之处，他觉得对于南方的楚，东南的吴越，西方的秦都写得不够充分。吴起是游历过南北东西的侠士，凭他的博闻广识，耳濡目染，认为自己再写上若干篇加在《左氏春秋》内，比左丘明先生的史笔妙文，也不会逊色。但他没有把这门心思对任何学友说过，更不敢在曾老先生面前有半分流露。因为老师是孔老夫子爱徒曾参的儿子，素以能继承父志为荣。他笃信孔夫子的"文质彬彬然后君子"的论断，对齐桓晋文的霸业一向嗤之以鼻。孔子曾经说"晋文公谲而不正"，既狡猾又不正派，曾申老师定然也厌恶能成霸业的诸侯。所以，在老先生面前不能谈军旅之事，更不能流露自己曾想过要领军作战和打算续写《左氏春秋》的意思。

秋去冬来，又到了万木萧条、漫天飞雪的冬季。吴起靠在枕上，思绪像飘扬的雪花，一片片落在故乡，落在自家的老屋，唔，辞母别家已经一年多了，不知母亲情况如何，病体是否已经康复，让儿子十分怀念，十分内疚。曾先生讲过孟武伯问孝，孔夫子说："父母，唯其疾之忧。"可是母亲病了，我竟然没有回家探望，儿子是不孝的。母亲呀，起儿明日便给你写信，向你禀告在鲁国受业曾门的苦与乐，荣与辱，向你表述一年来我对母亲的怀念之情。哦，母亲，祝愿你长寿、安康。

吴起早早地起身。推门一望，天地皆白，瑞雪纷纷扬扬。他吸一口清新凉润的空气，顿觉神清气爽，一夜未寐的疲倦消了一半。他摘下墙上的宝剑，来到旅店的庭院舞了起来。因为日夜苦读，许久没舞剑了，按原先的套路起舞，竟然有些体力不支，不大一会儿就大汗淋漓了。唔，剑，你这曾日夜陪伴过我的赤蛾剑，你这凝结着友人与仇

家血光的剑，难道就这样与我告别了吗？难道就永远挂于壁上再不鸣啸，不再飞腾，一任锈斑侵蚀你的肌体、你的锋刃吗？不，我吴起的生命与灵魂，既属于儒生，也属于豪侠，剑呵，我将终生与你同在，我是你有血有肉的躯体，你是我坚硬锋锐的魂魄。

汗水洗去了一身倦慵，涤尽了心头郁闷之气。当吴起坐到曾申的讲坛之前准备聆教时，感到周身通泰，仿佛腊尽春回，春水已在心田流动，春山已在眉间泛青了。

今日曾申讲授《左氏春秋》中《晋公子重耳之亡》。曾先生首先扼要地介绍了晋国公子重耳受到父亲的迫害，因而出走、流亡，受尽苦难，最后回国夺取政权的故事，然后讲解正文。当曾申讲到重耳不愿抵抗父亲派来捉拿他的军队而决定逃跑时，曾申不以为然地说："重耳不仅不能抵抗父亲派来的军队，而且不应该逃跑，逃跑就是违抗父命，就是不孝。"

吴起愕然："为什么不应该逃跑？父亲听信爱姬的谗言要害其兄弟三人，太子申生已经被迫自缢而亡，无情的父亲又准备杀害重耳、夷吾兄弟二人，两位公子若不逃走，必被父亲和后母处死。他们有什么罪？为什么在恶人面前要像羔羊一般引颈受戮？曾先生，我实在不能理解这种孝道……"

"吴起，不要说了！你不要打断我的讲话。出去，先到院子里去好好想一想，你要'三省'自身。"曾申以手击案，"尤其是三省的最后一条——传不习乎？"

吴起觉得委屈，但他不愿再惹老师生气，忍气吞声向门外走去。

庭中积了厚厚的一层雪，甬道旁的两棵枣树的枯枝上结缀着团团雪花。吴起立在院中，痴痴地望着铅一样沉重而灰暗的天空，望着蒙

盖银装的房脊和院墙，他倏然想起故乡飘雪的平原，落雪的山丘和故居积雪的庭院，堆雪的花圃，还有凄冷的晨昏母亲在织机上摩挲的双手以及倚门张望的一双泪眼。雪不停地落在他的头顶，他的颈项，他的肩膀上，寒气从脖领灌入脊背，他的身子他的心都冷却了。他似乎觉得自从母亲生下他来，二十多年从未有过如此；八年漂泊游历，也从未感到像眼下这样孤单。想起母亲以泪墨写成的家书，想起母亲细线密针为自己缝制的寒衣，不禁泪水潸然。

院门被哗啦一声推开，店主神情慌张地跑进来，焦急万分地说："吴先生，大事不好了！"

"老伯，什么事让你如此惊恐？"

"你的母亲……"

"哦，我母亲怎样？"

"她……"店主怕吴起经不住如此沉重的一击，话到唇边又咽下半句，"她好久没有音信了吧？""是。从我娘舅的朋友带来一信，至今已经半年没有收到母亲写的信了。不知老人家如今怎样。"

老人微微摇手说："唉，真不知道应如何对你说。"

"老伯，到房里说吧。你身上落了一层雪，庭院里太冷。"吴起拍打着店主肩背上的积雪，牵住他的衣袖，到屋里去了。

"吴起！"曾申坐在讲坛上，看清了庭院里发生的一切，异常威严地吼了一声，"你进来！"

"是。"吴起应了一声，回头为难地望着店主，"老伯……"

店主点点头："去吧。"

吴起默默地走到曾申面前垂首而立。

曾申料定吴起家中出了什么大事，不禁对这个他一向厌烦的学生

产生了一点恻隐之心："吴起，你的母亲怎么样了？"

"数月之前母亲曾经带来一封信，她病得很重……"

"你为什么不回家探望？"

"吴起自从跟随曾先生读书，如饥似渴，孜孜不倦地学习先王之道、圣贤之教，难以抽身回乡省亲。"

曾申听了这番解释，怒火从心头升起。他绝不能容忍这种不孝之举。他连连用指尖叩着书案申斥说："错，错了！孔夫子说父母在，不远游；父母，唯其疾之忧。你竟然在母亲重病之时不回乡探望，吴起呀！孝悌是人的根本，你要时时刻刻记住这个信条，否则，你就不配做我曾门弟子了！"

"是。弟子记下了。"

"好，回到你的座位上去，继续听讲。"

吴起只好回到座位上，但他如何能安心听讲。门外，店主不住打手势叫他出去，但他不能走动，只得用眉眼传递他的难处，用手势表示他不能从命，并小声说："晚间回店再说。"

回店再说，这如何使得。吴起娘舅朋友还在旅舍等他回去奔丧呢。店主看看吴起俯首观书的情态，再看看曾申指手画脚侃侃而谈的仪表，仿佛师徒之间雨过天晴，什么事情也没发生。他心里恼怒起来，好你吴起，"回店再说"四个字就把我打发了。回店再说，你知道，我要跟你说什么？你娘舅的朋友要跟你说什么？这种事一天也不能再耽搁，你必须立即启程奔丧。店主忍不下去了，他大步跨过门槛，无言地戳在曾申的讲坛前，两眼直直地望着这位老先生。

曾申怔了，学生们愣了，整个讲堂静了。

曾申打量着店主，判定他不是不知礼的小人，便和蔼地说："叟，

有要事吗？我正在给弟子们讲学。”

店主把一封连吴起也未看见的家书，拍到曾申的案上，“你，你老夫子自己看吧！看该不该让他回去!”

曾申的目光集中在家书上，全屋人的目光集中在曾申的脸上。那张脸由愠怒变为惊愕，由惊愕变为悲悯。那双持信的手颤抖了，那双昏茫的眼湿潮了：“吴起，此事你早应对我说。”

“哦，什么事?”

“你的母亲……”

“母亲？我母亲怎样?”

“你，你自己看吧。”曾申把书信交到吴起手上，“吴起，即刻启程吧。你我有缘，三年后再来，我仍是你的老师。”

三年！老师的话多奇怪，为什么要三年？吴起不敢多问，匆匆打开了书信。哦，是谁写的？不是母亲，像是娘舅的笔迹。怎么？母亲她，她已经归天了？他眼前一片黑暗，身子重重地倒在书案下，昏迷了。曾申急忙叫学生们抢救，吴起渐渐苏醒，他觉得气积压在胸中，他要吐出来，喷出来。他推开搀扶他的人站起来，面对西南方向——那是他的故乡，他的家园。他像一只受伤的猛虎，仰天悲啸：啊……母亲！啊！母亲呀！他的吼声使整个屋子都在震荡，仿佛惊雷就在这斗室之内炸裂。同窗学友惊呆了，坛台上的曾申恐慌了，一旁的店主战栗了，他抓住吴起的宽袖摇着喊道：“吴起，你可要节哀呀!”

节哀，此时吴起已经没有悲哀。仿佛这三声哀号，已经把他的满腹的痛苦、悲伤喷吐殆尽，他五内俱空，哀乐全无了。

吴起重新回到自己的座位上，又打开了那本《左氏春秋》，一种强大的抑制力主宰着他，使他把那篇《晋公子重耳之亡》读出声来：

“晋公子重耳之及于难也，晋人伐诸蒲城……”

“吴起你还有心在这里读书，快收拾东西回去吧。”曾申走到吴起身旁，手轻轻地抚摩了一下他的背，“唉，哀哀父母，生我劬劳。回去吧！”

“不。没有必要了。我已经遥对家门哭过三声了。”

“你怎能这样！母殁临丧，这是常礼。黎民尚且如此，何况你是儒生。孔夫子教诲弟子说：‘子生三年，然后免于父母之怀。夫三年之丧，天下之通丧也。’你不但要回家奔丧，还要守丧三年，以报母亲养育之恩。”

“不，我不能回去，我无颜见亡母的遗容。”

“哦，这话何意？”

“老师不必问了。”

“我要问。你知道吗？乌鸦反哺以报衔食之情，羊羔跪乳以报哺育之恩，你是人，难道还不如禽兽吗！”曾申说到此处竟激愤得连声咳嗽起来，“我曾家三代以孝悌为本，曾门弟子也无忤逆者，如果你愿以我为师，你就要恪守孝悌之道，回家奔丧，并在母亲墓旁结庐守孝三年。”

“三年？不，三年的时间太长！三年，我能跟随曾先生学多少知识；三年，我已过了‘而立’之年，三十岁一事无成，白白消耗生命。不，我不能回去，曾先生，我的母亲深明大义，倘有知，他能原谅儿子的。”

“原谅你？为什么？”

“离家之日，我曾在母亲面前盟誓，‘不为卿相不复入卫。’母亲会记得这句话，也会谅解儿子的处境，不会强求我的。”

“我要强求。水无本则竭，木无本则枯，人怎可忘本，忘了本岂能做人。你若不临母丧，不仅你将被天下人耻笑，连我这位老师也脸上无光。”曾申再不给吴起讲话机会，斩钉截铁地说：“回去，服丧三年！”

“不。”

“你走，你立即走！”曾申激动得双手战栗，伸出食指指着吴起的座位，马上离开这里，我不教你这样的学生！”“曾先生，你听我说。”

“不要说了，从今日起，我的耳中再不愿听到你的声音，我的眼里再不愿看见你的影子。”曾申将宽袖向后一甩，背着手走出门去。回头又对那些表示同情的，幸灾乐祸的，不闻不问的门生说：“从今日起，你们谁再理睬这个人，我就让谁从这里走开。曾门不容有不孝之徒。”

吴起悲哀地向着门外大喊：“恩师，请你留步，听弟子最后一言。”门外无人回答。风搅着雪花飞舞，他的心冷了，冷得像一块血色的冰。

吴起不愿再乞求曾申，他对四周投来的目光，无论是善意恶意他都漠然处之了。他默默地走到曾申的讲坛下，向着恩师的座位深深一躬。这是感谢，感谢你使我有幸读了许多书，特别是《左氏春秋》，使我知晓了天下的大事。吴起又回身向同窗学友拱手作揖，这是告别，吴起不论走到何处，都忘不了与你们同窗共读的这段日子。

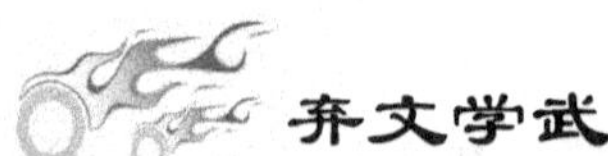

弃文学武

吴起走了，顶着朔风、披着大雪走了。他走向何处？这位二十七岁的年轻人的路在哪里？希望在哪里？他忽然觉得四肢无力，头晕脑涨，双眼迷离，脚步踉跄。店主追了上来，他搀住疲惫不堪的吴起，劝他先回旅店。吴起在旅店里睡了两天。

吴起决定弃文学武。他是个意志坚强的人，做事前往往考虑再三，一旦作出决定便矢志不移地为之奋斗到底。

吴起从朋友处借来《六韬》《司马穰苴兵法》《孙子兵法》等书，日夜诵读，悉心研究，取各家之长，舍各家之短，综合分析横向比较，颇受教益。除了读兵家著作外，他还仗剑出游，到历代兵家一展雄才的战地去访问考察，了解风俗民情，熟悉地形地物，研究作战双方在天时、地利、人和方面各自的优劣，增加感性知识。他的足迹留在曹刿大破齐师的长勺，他曾用双手捧起管仲兵定孤竹时望而却步的“旱海”之沙粒慨然兴叹，还远涉江河到秦晋大战的龙门山去观察战地形貌和访问目睹过那场战争的土著乡民。两年的刻苦读书，实地

调查，使吴起对各诸侯国之间频繁的征战讨伐和游士说客的纵横捭阖，有了更深刻的认识和本质的理解。人活一世，来去匆匆，不管争名于朝或逐利于市，都是为了实现自己的抱负和理想，为了这个目的可以采取任何手段。

日月穿梭，江河逝水，转眼又到了春天。吴起在实施了战地访游之后，便蛰居斗室，潜心读书和研究兵家之道、军旅之事了。

又两年过去了，吴起读经读史，学兵学战，大有收益。特别是学习军事，研究战争方面，因广见博闻，加上独立思考，在探讨总结战争进程、经验时，往往能另辟蹊径，独树一帜。在与朋友的交往中他侃侃而谈又言之有理，深得他人喜爱。连那些因其母丧未临而轻藐他的同窗学友也对他刮目相看了。

阳春三月，风和日丽，吴起的心情也似春风春水般荡漾起来。他身着儒服，手提长剑进了公仪休的客厅，为了表现弟子对老师，平民对官吏的尊仰，他行了三揖九叩的大礼。公仪休呵呵地笑着连说免礼免礼，并请吴起在自己身边坐下。

二人的交谈从盘古辟地女娲补天开始，时而伏羲画八卦，神农尝百草，时而尧舜禅让，大禹治水，直讲到商汤放桀，武王伐纣。看似彼此漫不经心，实则各自怀着诡谲的用心。一个要通过交谈识才辨才而取仕，一个要展才示才以取得对方的赏识与信任。在谈论过纷繁的历史事件之后，公仪休把话题扭转到当今的天下之事。

“听说你游历四方，识多见广，不知你都到过什么地方?”

“蓟州、邯郸、洛阳、安邑、临淄，还有我卫国的都城濮阳，我的故乡左氏。”

“你的故乡左氏也能与齐都临淄、赵都邯郸一样列为天下名城吗?”

“可。左氏目前虽非天下名城，数年之后，会因生养过吴起而名闻四海。”

“哈哈，说得好！我再问你，你既然到过北方的蓟州和邯郸，能说出燕赵二国军队有什么不同之点吗?”

“燕国人朴实谨慎，好勇重义，作战很少用诈谋，因此利于坚守而不能进攻。”

“如果我与燕军作战，当如何战而胜之呢?”

“以勇猛的动作靠近它，当头一棒之后迅速走开，迂回到它的后方再加以突袭，可使燕军将领疑虑，士卒恐惧，一鼓可擒其将，可败其兵。”吴起说到此处，得意地微微一笑问道，“请问相国，还有什么不明白之处吗?”

这一问，使得公仪休顿时产生了一丝被嘲讽的感觉。他有几分愠怒，又有几分钦佩，好一个黄口孺子，竟有这样精辟的见解，可喜。于是那几分愠怒全消，拍拍吴起的肩说：“好！我还有一事想请教请教。”

“不敢，不敢。”吴起急忙施礼道，“大人请指教。”

“鲁国的西面有个强大的赵国，时时有灭我之心，他们一旦兴师犯鲁，我将如何抵御呢?”

“我看赵国未必强大。”

“赵国是千乘之国，有甲兵数十万。”

“不足虑。”

“为什么?”

“赵国地处中原，寒暑宜人，人性温和，社稷平稳，民众厌战，因而轻视将领，鄙薄爵禄。这样的结果是将无战心，兵无死志。摆起阵来虽也规矩方圆，整齐美观，但却不利于实战。这样的军队，虽十万百万也不足惧。”

“能击败它吗?”

“能。以勇猛的鲁国军队压住阵脚，赵军来攻就拼死顶住，赵军退却便迅速追击，使他们疲于奔命，心力倦怠，一鼓可破!”吴起一面侃侃而谈，一面细心地观察着宰相的脸色。当他看到对方面有喜色时，又追问：“大人还有什么可问的吗?”

“不用问了！不用问了!”公仪休莞尔一笑，“我很高兴鲁国又出了一位奇才，一位将星!”

“大人过奖了。”吴起又举袂一揖，“实在不敢当。”

“明日我便上朝，保荐你为鲁国大夫，请鲁君委命你参与军旅之事。”

“多谢贤相举荐，如能偿平生之愿，吴起当为贤相效犬马之劳。”

“吴起，你回去等待佳音吧！一旦为鲁侯任用，我便为你营造府第，总不能终生以馆驿为家吧!”

“全仗大人关照。谢谢!”

吴起要走了。为了表现宰相求贤若渴的心情，公仪休将他送至门外，甚至在吴起毕恭毕敬地与他揖别时，他也微微抬手以示还礼。

这是吴起入鲁以来第一次与卿相谋面，他觉得自己胜利了。我吴起没率过一兵一卒，更没经过真刀真枪的实战。一席料敌之策的应答，竟使鲁相勃然而兴，莞然而笑，赞我为奇才将星，日后参与军旅之事必能旗开捷奏，马到功成。人说千里之行始于足下，我觉得千仞之攀也始于一阶了。

经公仪休推荐，吴起当上了鲁国的大夫。

第三章

杀妻夺帅，初展雄才

吴起在当上鲁国的大夫之后，娶了齐国田居的女儿为妻，婚后的吴起可以说是家庭美满，和谐幸福。但是为了得到鲁穆公的信任，吴起杀了自己的妻子。鲁国这才勉强任用他为鲁国的统帅，吴起为鲁国打了关键性的一场胜仗。他从此跻身名将的行列，闻名列国。但是妻子的生命不但没有换来那些人的信任，反而给了这群人恶意诽谤的根据。无奈之下吴起只好再次踏上了新路。

杀妻求将

数日之后，吴起迁入了大夫的宅第。庭院不宽阔，门墙也不高大，但却清静幽雅。特别是庭前有绿竹一片，给院落增添了几分雅意。吴起对这个新的住处十分满意，这比那喧嚣杂乱的旅店要好上百倍。大夫的俸禄虽不宽裕，有更夫守户，少妇理炊，驭奴执鞭，壮汉为役，他觉得日子过得很舒心。自从离乡游仕，入鲁学书，数年琴弦未理，亦未觉得枯燥乏味，而今作了大夫这个闲官，伏案读书和入庭弄剑之余，倒觉得单调空虚寂寞难耐了。

一天，公仪休在相府接待老友田居及其女素，并邀大夫吴起作陪。相国夫人在后宅里悄悄地问素对吴起有何评价，素含笑不语；又问是否愿意与吴起结为夫妻，素含羞点头；又问三天之后就成亲，你是否愿意，素猛然扭过头去不言不语了。

三天之后，吴起与素成婚了。因有相国的操办，送礼者，祝贺者，观景者熙熙攘攘，络绎不绝。吴起明知这些人与他素昧平生，焉能有如此贵重的情分，一切都是朝着相爷的脸面来的。然而，这又何足为

奇，自己不也是借着相爷搭梯才登上大夫之位吗？今日的婚仪如此热闹，如此隆重，这都要感谢相国和他的夫人。没有他们，我吴起这个新封的大夫，仍然是一介寒士，我用什么来迎接我的素？

清静幽雅的大夫宅第里有了女人的朗朗笑声，立刻就充满了生机。

清晨，吴起总在庭中舞剑。看到这，素就在厢房内临窗抚琴为之伴奏。当吴起舞到舒缓柔韧之时，琴声便似流云和风，如歌如吟；当长剑探海指天，舞者飞跃腾挪之际，琴声便似龙吟虎啸，雨骤风狂。一时庭中舞剑者心热血沸，窗内抚琴者也魂难守舍，身心与庭中男子融为一体了。

燕尔新婚，琴瑟谐和。夫妻情情爱爱甜甜美美，不觉春去春来又是一年。这一年，吴起仍然学习兵书战策，到战地去查访，将兵家的论著与自己的体验相比较，综合分析，去伪存真，使他的研究更深一步。每与友人谈兵，常语惊四座，有人竟赞他是位将才，是位兵家。吴起自己也觉得这种评价是名实相符的，他自信提三万兵马便可无敌于天下。

琴剑书墨，使他们常觉日短；夜半私语，谈古论今，也不觉夜长。素有了身孕，吴起异常欣慰，朝暮起居，吴起亲自照料，并吩咐炊妇做些适口养身的饭菜供妻子享用。妊娠十月，素生下一男婴。吴起给儿子取名吴期。何谓期，期是盼望和期待。盼望实现鲲鹏之志，期待封卿拜相。

吴期百日诞辰，吴宅喜设弄璋之宴。田居从千里之外赶来祝贺，并带来一个稀奇可爱的鹦鹉作为礼物。当素问父亲为何携带这样的灵鸟时，田居拂须笑道：“鹦鹉善学舌，你和吴起不妨教它几句语言。日后吴起外出，素也有个亲人陪伴说话。再则，期儿长大学语，常与

良禽对话，岂不有趣。”

吴起再三感谢岳丈的良苦用心。田居小住几日便走了，恩爱的夫妻之间又添个情爱的产儿，更觉甜蜜增了几分。

素常常在给鹦鹉添食加水之际教它说话，什么“将军回府了”“夫人你好”“期儿快长大”等语言，很快都被这只良鸟学会了。当吴起风尘仆仆地从外地归来时，一到中庭便听见鹦鹉喊叫：“将军回府了！”随着这声悦耳的鸟语，心爱的素便会跑出房来，半庄半谐地俯首笑问：“将军你好！”

公元前412年，齐相国田和阴谋篡位。他已经兵权在握，国内当不会有多少阻力。可是西邻鲁国乃是世代与齐国有着姻亲牵连的兄弟之邦，如果他们反对或者出兵干涉，事情就变得不好收拾了。他找来心腹谋士张丑商讨如何对付鲁国可能加在他们头上的麻烦。

张丑微微皱眉便想出一条计策：“相国，你还记不记得当年吴王夫差兴兵犯我，鲁国乘人之危与吴军联合进攻我国的艾陵，致使我十万甲兵毁于一旦。虽然这已经是几十年前的事了，但是艾陵之仇不报，我们怎对得起先王。今日，与其等待鲁国来讨伐相国，不如抢先下手去攻打鲁国。且师出有名——为先王报艾陵之仇。”

“对，明日兴师。”

汶河北岸平坦的原野上，黑、白、绿、蓝的牙旗簇拥着一杆大旗，上绣一个斗大的“田”字。相国田和头戴铜盔，身披铁甲，昂然站在战车上，扬首傲视前方。在他的身后，十万兵马趾高气扬地踏起阵阵黄尘，迤逦前行。

鸦群被黄尘惊起，鸣叫着飞向远天。田和仰面而笑：“哈哈，乌合之众。张丑你看，乌合之众呀！”

站在相国身边的张丑谄笑着："是的，鲁军是不堪一击的乌合之众。"

一骑黑马奔来，来到田和车前翻身下马："禀相国，前军已攻下了汶阳，鲁国守将申详，正率领残兵向汶河逃窜。"

来报者是田和的爱将段朋，此人黑面虬髯，膀乍腰粗，满脸的得意之色。

田和得此喜讯，微微点头："好，段将军，此次伐鲁你立了头功!"

"全赖相国运筹。"

田和得意地笑了。随后扬鞭一指："追，不要放跑了申详。"

申详是汶河守将，手中只有两万兵马。对于齐相田和不宣而战的突然袭击毫无准备，他的军队几乎是一触即溃。为了不被十万齐师包围聚歼，他果断决定放弃河北岸的汶阳城，渡过汶河在南岸布阵，据汶河之险以阻挡齐军，再求鲁穆公派兵援救。在鲁军涉河南撤时，许多人被追兵射死在水中，尸体漂在河面上，鲜血染红了汶河。

申详亲自断后以掩护撤退，箭像飞蝗般向他射来，他勒马挥刀将它们纷纷拨落。不幸在转身提缰之际，被齐将段朋射中了左肩。申详带箭伏鞍而走，回到南岸，仓促布阵以抵挡恶虎般扑来的十万齐军，并且立即派遣专使向京城告急。

相国公仪休接到申详求救的书信，神色骤变，急忙驱车入宫晋见鲁君——姬显。

后宫正欢歌狂舞。

公仪休走向举酒观舞的鲁穆公，耳闻丝竹之声如怪鸟乱鸣，眼观彩袖飞旋如乱云罡风。他心烦意乱地走近穆公身旁，小声地禀报说：

“主公，齐军不宣而战，汶阳失守，申详已率领残部退至汶河南岸。”

穆公举在嘴边的酒觥因手的颤抖而索索摇晃，滴滴洒落。突然酒觥落地，摔得粉碎。所有的人都惊恐地抬起头来望着他，乐息舞止，一片寂静。

穆公怒容满面地大吼：“退下！”公仪休挥手，乐工舞女立时散去。

“公仪休，速将申详召回治罪！”

“申详失城丧师理当问罪，齐国大军压境，汶河前线不可一日无将，请陛下三思。”

“速派援军，援军一到，即刻将申详押回来！”“是。”

“公仪休，你立即召泄柳入宫见我。”

“陛下是要泄将军率师御敌吗？”

“是。军情急迫，让他速速赶到。”

“陛下，泄老将军身经百战，固然足以信赖，但他毕竟年过六旬，精疲力衰，恐难以承受鞍马之苦了。”

“哦？你看除了他还有谁能当此重任呢？”

“臣考虑再三，还有一个文武双全、精通兵书战策的大夫可以信赖。”

“谁？快说呀！”

“吴起。”

“吴起？我听说此人对父母不孝，对师长不敬，性情乖戾……”穆公将手一摆，“这等人怎可重用！”

“陛下是让我为你推荐一个智慧超群的良将去率军御敌，还是寻找一位品行端正、孝悌忠信的谦谦君子供国人仿效？”

“此话何意？寡人当然是让你选能臣良将。”

“既然如此，陛下只要看他能领兵作战，保住鲁国社稷，即可委以重任。至于他处世做人中的细枝末节，臣以为大可不必追究。”

穆公沉思良久，微微点头：“嗯，明日你把吴起带到此处，我要亲自审定。”

“是。”

公仪休回到相府。刚下车就见吴起站在门侧拱手相迎。他觉得奇怪，心想：“我正要找他，他倒先来见我了，难道他能未卜先知？”

吴起首先问候：“相国回来了，相国辛苦。”

“为国分忧，何言辛苦。不知吴大夫来，让你久等了。”公仪休热情地挽起吴起的手，一同走进客厅。

公仪休首先发问：“吴大夫，今日怎么有闲来到我这里？”

吴起微微一笑：“如今曲阜城内已是街谈巷议，众口纷纭。齐相田和率军十万犯我边境，汶阳失守，生灵涂炭，难道相国真的不知道？”

公仪休叹了口气说：“我正为此事忧心忡忡。”

“鲁公为何不速速发兵御敌？”

“鲁公正在物色能克敌制胜的良将。”公仪休又叹了口气，“十万精兵浩浩荡荡锐不可当，不可等闲视之。鲁公也为此事发愁呢。”

“这又何必犯愁。十万精兵有什么可怕，不是吴起夸口，倘若选我为将，只需两万士卒便可杀它个片轮不返。”

“我已在穆公面前极力保举吴大夫，只是大王他疑虑重重。”

“请相国放心，吴起知天高地厚，能审时度势，察言观色。”

第二天，穆公召见了吴起。相国公仪休在一旁陪坐。然而出人意

料的是在穆公身旁还坐着老将军泄柳。

鲁穆公信任泄柳，因为他军旅生涯四十余年，秉性刚毅，作战勇敢，为鲁国建立过不朽的功劳。虽然如今年迈力衰，却仍然行动矫健，声如洪钟，俨然还可披挂上阵，舞刀弄剑。今日穆公把他召来，是让他帮助自己鉴定吴起谈兵论战是否有真才实学。如果吴起果是将才，就让泄柳作为监军在一旁协助；如果吴起徒有虚名并无实学，那就让泄柳挂帅，率军抗齐了。这是穆公的打算，他没有告知泄柳，也没让公仪休知道。

三人无言默坐。

穆公叹了口气说："田和率十万大军犯我边境，汶阳失守，申详受伤。汶河一线随时可能被齐军突破，寡人十分忧虑。"

相国和泄柳对望一眼，又低头不语了。

吴起躬身下拜："大王不必忧虑。田和虽有勃勃的雄心，并无治军作战的能力，并不可怕。"

"纵然田和不是治军作战的帅才，他麾下的田忌和段朋却是久经沙场的骁将，不可大意呀!"

"齐国有骁将田忌和段朋，我鲁国也有泄柳将军和申详呀！无论阵前厮杀还是帷幄运筹，泄、申二位将军都不在田、段之下，陛下何必忧虑呢。"

鲁穆公听罢吴起对泄、申二将的评价未动声色，一旁的泄柳面露骄矜，微微含笑。

穆公直视吴起，一字千钧地说："依你看，鲁国能战胜齐国?"

"能。"

"你有何根据?"

“根据有四：一是田和阴谋篡位，不得人心。兴不义之师犯鲁，天下人共责；二是久滞边境粮草已尽，掠夺边民供养军队遭百姓怨恨；三是士卒不服水土，患病者日渐增多，军心动摇；四是主帅无能，不能速战速决，将士困乏疲劳，怨声载道。再加上齐军历来法令不明，赏罚不当，使将士离德离心。如此的十万大军，有什么不可战胜的。”

老将军泄柳对吴起的言论不无赞同之处，但他觉得一介书生敢在老将军面前狂妄地谈兵论战，实在是目中无人，妄自尊大。他抑制不住自己的愤怒，高声喊道：“大夫，听你振振有词，请问你用何种战法去破敌制胜呢?”

吴起被这种嘲讽的质问激怒了，他霍地站起来，两眼直视着泄柳：“泄将军，你是身经百战的老将，岂能不知战场千变万化。作为一军之帅，必须依据敌我情况的变化而决定用兵之策。如果未见敌阵，不晓敌情就凭空制订战略，岂不是闭门造车。”“这……”泄柳语塞，以拳击掌长叹一声，“嘿!”

吴起与泄柳的争论全被穆公看在眼里，他更喜爱吴起了。便问：“什么样的人才可做统帅呢?”

“臣以为作一军统帅必须冷静果断，切忌优柔寡断。当战不战，当断不断就会坐失战机；统帅和士卒应当同忧乐，共安危，情同父子。”

穆公勃然而起，高喊：“好一个情同父子，说得好。吴起，你看鲁国有这样的统帅吗?”

吴起缓缓抬手指胸：“我，吴起。”

公仪休起身拱手：“陛下，吴大夫委实可当此任。”

“哈哈，公相国举荐贤才为寡人分忧，可喜可嘉，明日我便登台拜将，发兵抗齐。”

穆公看得出此刻老将怀有不平之气，不服之心，便亲切地抚慰道："泄老将军，回府歇息去吧，汶阳之事就托付给年轻的后生。"泄柳进言："陛下！臣念国家安危，社稷存亡，因而苦苦相谏。时至今日，即使陛下赐死，臣也要把话说尽。吴起的妻子田氏乃是齐国大夫田居之女，他若做了大将，能实心实意地与齐相田和作战吗？"

"唔，吴起，果有这事？"

吴起点头。

穆公闻言沉吟，起身往返踱步。"此事今日不决，寡人还要三思。"

泄柳怒气冲冲地走出鲁宫，与相国招呼也不打便飞身上马，扬鞭疾驰而去。

公仪休邀吴起到家中稍坐，二人并肩走着。

"吴大夫，你来到鲁国数年，至今未得重用，委屈了你。"

"未得鲁侯重用，却结识了重才仗义的相国，知遇之恩使吴起毕生难忘。"

"吴大夫，如今良机尚未失去，只要你不优柔寡断，汶河前线仍是你展露才华的场所。"

"请相国赐教。"

公仪休："去王之忧。"

吴起那英气逼人的脸上浮现出痛苦的表情，失望、苦闷，压得他几乎喘不过气来。他仰天长叹，命运呀，你为何这般捉弄人？吴起呀，你为何不安于命运？

在登车回家的路上，吴起不时发出可怕的笑声。驭者觉得脊梁发凉："唔，吴大夫今日莫非遇到鬼了？"

吴起走进家门。廊下的鹦鹉叫喊：“将军回府了！将军回府了！”

吴起喃喃自语：“将军回府了，将军，我是将军？谁封的将军？”

听到鹦鹉的喊声，素笑容满面地迎出房门。她回身打起门帘，眯着眼说：“见到公相国了？”

吴起没有答话。只冷冷地哼了一声，便把宝剑掷于案上，素急忙上前拿起宝剑要挂上墙壁，只听吴起大吼一声：“你不要动它！”

素忙推开案上的瑶琴，放下剑。她望着丈夫迷茫的眼睛小声地说：“今日的事办得不顺利吗？”

吴起没有答言。

素回身端上饭菜，满满斟上一觥酒说：“你太累了，喝点酒能解解乏。”

吴起仍然沉默不语。一觥一觥，自斟自饮，闷闷地喝着酒。

素见丈夫烦闷，一时想不出为他解忧之策，便将内室里熟睡的儿子抱了出来。孩子哭了，哭得好伤心。素一边拍着怀中的婴儿一边喃喃地唱道：“孩儿孩儿你别哭，你爹给你盖瓦屋……”

吴起知道素的用心，可是他心里烦乱痛苦。不愿也不忍与妻子一刀两断。想想自己幼年丧父，与寡母相依为命。十八岁独自出门，游仕未遂反遭羞辱。后来虽与妤过了一段和谐的日子，但家世之差别在他心灵中时时掠过阴影，最终只有离别了。入鲁学书，窗寒几冷，度日如年。幸得与田氏素结为俦侣，相敬相爱，情如琴瑟。婚后两载喜庆弄璋，在素的心里只有丈夫和儿子，自己含辛茹苦在所不辞。丈夫闻鸡起舞之时，妻子以琴音相伴；丈夫挑灯夜读之际，妻子加衣添茶。素对吴起的好处是数不完说不尽的，他怎能与素一刀两断。然而，吴起也清楚地知道，此次若是错过，恐怕短期内再不会有第二次机会了。

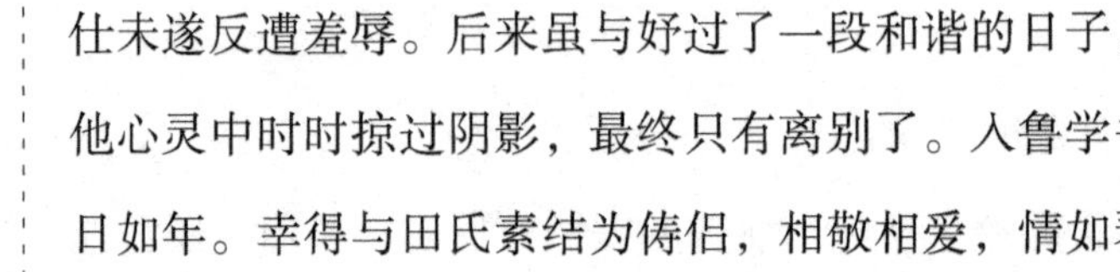

他心里矛盾重重，七上八下，历历往事涌到眼前：母亲在倚门张望，执手叮咛；前妻的兄长恶言冷语，说什么吴家富而不贵；自己挥动长剑，杀死羞辱自己的无赖；曾申严厉的斥责，学友嘲讽的笑声。多少双眼睛从各方望着他，善的，恶的，鼓励的，鄙视的，赞美的，戏弄的……

吴起目光呆滞，神色恍惚。他眼中的素不停地幻化，不停地升沉。一会儿是贤惠的娇妻与他朝夕相伴，一会儿是凶恶的厉鬼挡住他仕途的大路。吴起惊慌了，恐惧了，愠怒了，疯狂了。他忽然发出可怕的笑声，弯腰拾起地上的宝剑，高高举过头顶。他的手在颤抖，剑锋灼灼闪光。他仰天大呼："了结吧，这屈辱的生活！了结吧，这多舛的命运！吴起是人杰，是将星，我要从这里升起，从这里飞腾！"他使尽平生之力，将宝剑斜劈下来。

粉颈溅血，血洒瑶琴。素缓缓地倒下了，像一朵被东风吹落的碧桃。

吴起踉跄地走进内室，顺手扯过一块丝帛包起妻子的头颅，把它紧紧抱在怀中。他又笑了，笑得像野狼嚎叫。

吴起叫过驭者，驱车先到相府，然后与公仪休同赴朝堂。他匍匐而行，仰面而奏："大王，臣报国有志，而陛下因吴起之妻是齐国之女而见疑，未肯违以重任。臣已砍下田氏之头，以表明我忠于鲁侯，誓与齐相田和决战。"说罢，将怀中的头颅掷于穆公面前。

穆公掩面扭身说："吴起，你何必如此！快快退下，退下！把人头也带走。"

吴起惨然而退。公仪休急忙告进。

穆公十分恼怒，指着公仪休的前额说："这就是你举荐的吴起！

他杀妻求将，残忍至极，心不可测呀！我怎能用他。”

“陛下，这才是你应当用的人呢。”

“嗯？你这话从哪里说起？”

“杀妻求将说明他不爱妻子只爱功名。陛下若弃之不用，吴起就要到别国去寻求出路了。”

“你倒不必担心他会投奔齐国，他杀了齐国大夫之女，已经绝了去齐国之路。好，明日寡人登台拜将。”

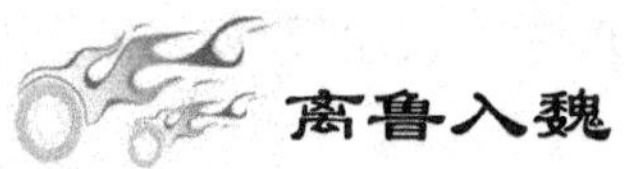

离鲁入魏

鲁穆公四年（前412），齐宣公派大将项子牛率兵向鲁国的安阴等地发动了进攻。

鲁国的国君虽然不喜欢吴起的为人，但由于形势紧迫，加上吴起杀妻消除了鲁穆公的疑虑，终于选派吴起为鲁军统帅。吴起披挂出征，他严于己而宽于人，与士卒同甘共苦，因而军士皆能效死从命。吴起率鲁军初到前线，没有立即同齐军开战，而是表示愿与齐军谈判，先向对方示之以弱，以老弱之卒驻守中军，给对方造成一种弱和怯的假

象，用以麻痹齐军将士，骄其志，懈其备。然后出其不意地以精壮之军突然向放松警惕的齐军发起猛攻。齐军仓促应战，阵营大乱，一触即溃，伤亡过半，残部逃回本国。鲁军在吴起指挥下，利用齐军骄傲轻敌的弱点，充分发挥鲁军保家卫国的高昂士气，巧妙地打了一个以少胜多、以弱胜强的漂亮仗。这一仗使鲁国转危为安，也使吴起跻身于名将之林，闻名列国。

已近而立之年的吴起，率领弱小的鲁军大败雄居东方的一流强国，震惊了列国，也给了吴起足够的信心。他遥望西方，告慰母亲：您在九泉之下安息吧，我会封卿，我会入相。他忘不了妻子的鲜血，这成绩可是用爱妻的生命换来的。

他快马加鞭，向鲁都曲阜驰去。曲阜会是什么样子？张灯结彩，锣鼓喧天，鲁穆公会不会带着一班文武大臣早早等待着他这位凯旋的英雄？曲阜城近了，什么也没有。在吴起看来，似乎比他出征前更寂静，更萧瑟了。走到街上，往日因战争带来的紧张和恐惧没有了，人们来来往往，依然为自己的生计而奔忙着，偶尔有几个老百姓停下来，看上几眼，低声议论几句。鲁穆公和大臣们呢？难道他们不知道吴起要班师回朝吗？

吴起来到鲁穆公的宫殿，谁知看到的竟是鲁穆公冷若冰霜的面孔。吴起不明白，同样是在这个地方，出征前穆公亲自封帅，满面笑容，语重心长，充满抚慰鼓励之语。此时面对得胜回来的将军，不但没有鲜花美酒，而且没有一丝可以捕捉到的笑容。两班文武大臣同样是那么高傲、冷漠，仿佛庙堂里的泥塑。吴起满腔沸腾的热血在一点点地下降、冷却，最终变成了一肚子的惶惑。

吴起回到旧日的宅院，只见满目灰尘，无人打扫，想起妻子的呵

护，亲热娇嗔，两行热泪不由夺眶而出。这是为什么呢？

原来这时鲁国的朝政已经非常黑暗腐败了，一帮奸佞小人充塞朝堂。敌人大军压境时他们噤若寒蝉，谁也不敢统兵御敌。危机一过，他们就像一群出洞的耗子，叽叽喳喳。在吴起还没回朝的时候，就有人到鲁穆公面前说吴起的坏话，用恶毒的语言诽谤吴起，毁掉了糊涂君主鲁穆公对吴起的信任。他们说："吴起为人猜忌、残忍。先前是母亲死了不奔丧，不尽孝道。现在又杀妻求将，不讲夫妻情意，真是太没道德了。"还说："鲁国是一个区区小国，打败齐国的名声一旦传扬开来，其他一些诸侯国就会打我们的主意，加害于我国了。而且鲁国和卫国都是姬姓国，是兄弟之邦，您重用吴起，就是丢掉了与卫国的友谊。"齐国害怕鲁君重用吴起，也派人到鲁国进行离间，加之鲁穆公原本就不喜欢吴起，因而不久就解除了他的兵权，将他辞退了。

在列国争夺人才时，鲁君却视身边的盖世之才如粪土。身处如此昏暗的国度，面对昏愦到不可救药的君臣，吴起彻底地绝望了。

经过痛定思痛的思考，他终于明白他的敌人不是哪一个人或哪一个国家，而是整个守旧的贵族特权。他们依仗世代相传的特权门第，垄断政治，占有财产，不劳而获。他们是昏庸腐朽的社会寄生虫；他们坐享其成，贪得无厌，不思进取。在他们的把持下，国家难以发展，人民愈加痛苦，社会无法进步。相对于新生的力量，他们有时还会显得很强大，他们会拼命维护他们的利益。同他们之间，不会有情谊信义可言，更不会有共同的利益，有的只是斗争。过去是在和他们斗争。现在是和他们斗争，将来仍然要和他们斗争。他们退出历史舞台的那天，这场斗争才会告一段落。

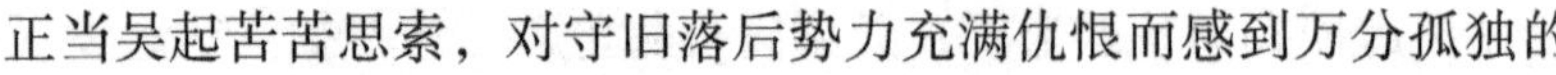

正当吴起苦苦思索，对守旧落后势力充满仇恨而感到万分孤独的

时候，在中国大地上正在兴起一股变革图强的浪潮。有志于富国强兵，以求建功立业的仁人志士何止吴起一人。代表整个社会进步势力的地主阶级都在寻求新的社会出路，企图改革原来束缚生产力发展的社会制度，以求获得新的生机，使自己立足于未来广阔的天地。就在吴起彷徨、徘徊时，传来魏文侯任用李悝为相，全力推行变法革新的消息。吴起眼睛一亮，感到那是一个施展才华的好地方。公元前 410 年左右，吴起义无反顾地离开鲁国，踏上了通向魏国的征途。

第四章

镇守西河，辅佐明君

吴起听说魏文侯是一个很贤明的君主，便凭借着自己的本事来到了魏国，并在魏国大展拳脚，不仅创建了一支精锐的武卒，而且还编写了《吴子》一书，立下了赫赫战功。没想到却遭到了小人的羡慕嫉妒恨。吴起也因此失去了地位和信任。所以，吴起只能走，也必须走。

创建武卒

魏国是个大国，东邻宋国和齐国，西面隔黄河、洛水与秦国相望，南邻地域广阔的楚国，北面是赵国。它处在强国的包围之中，除了黄河以外，几乎无险可守。而四邻还不断对它进行侵扰和威胁，使魏国举国上下寝食不安。魏文侯是个贤明的君主，他决心走富国强兵的路。他知道，一个国家能否富强，关键在于这个国家有无治世的能臣和保家卫国的良将。于是他下令求贤。一批革新人才便聚集在他的左右，像李悝、西门豹、翟璜等人都得到重用，他们进行了一场深入而又广泛的变革。

李悝原来是魏国北部地区的守护官，后来因为能干被文侯提拔为相国。他确实不负文侯的重托，坚决地推行他所制订的变革措施。他实行“食有劳而禄有功，使有能而赏必行，罚必当”，取消贵族的世袭特权，对有功者不论是不是贵族都按功劳大小授予爵位和俸禄，这就大大调动了本国和外来的士的积极性，使他们肯全心全力地为魏国作贡献。他还制定了“尽地力”和“平籴法”，使农民努力生产，社会秩

李悝雕像

序稳定，为了保证他的新措施顺利地实现，他还制订了《盗法》《贼法》《囚法》《捕法》等法律。李悝的改革措施，促进了生产力的发展，使魏国迅速地富强起来了。

西门豹在地方上为魏国改革做出了突出的业绩。他所治理的邺县，是魏文侯在全国范围内进行改革的典型样板，为魏国的改革做出了榜样。西门豹初到邺县（今河北临漳），发现土地荒芜，人民的生活非常困苦。这里每年都要为河伯娶媳妇，看看谁家的姑娘漂亮，选定一个日子，让姑娘坐在芦席上，顺水漂流，以至沉没。没有姑娘，则要摊派费用。这使许多百姓家破人亡、流亡他乡。西门豹上任查知此情后，将计就计。在河伯过生日这天，他假说姑娘不漂亮，将为首的巫婆投进河中，让她去向河伯道歉，然后再将为首的绅士投进河中，让他催巫婆回信，然后又将其他两三人投入河中，结果吓得巫婆、乡绅叩头如捣蒜，拼命求饶，从而揭穿了为河伯娶媳妇的诡计，为邺县人民除去一大祸害，同时对破除人们的迷信思想、移风易俗起到了很大的教育作用。在他的带领和整顿下，邺县人民发展农业生产、兴修水利，根治漳河。邺县成了一片富庶之地，人口众多，六畜兴旺，

人民安居乐业。

翟璜是魏文侯手下最为得力的助手之一，魏文侯在位的前三十多年中，他以上卿、国相的身份辅佐国君，向魏文侯荐举了一大批如西门豹、乐羊和李克等治国治军的贤才。翟璜辅佐魏文侯治理魏国，考虑的是有关改革的大局，关于个人私生活的某些小节，他并不在意。他不是一位谨小慎微的谦谦君子，而是一位具有杰出才能的政治家。

李克也是魏文侯领导集团的一名重要成员，经常在重大国事问题上向国君提供咨询。在魏文侯的臣僚中，李克虽不失为一位改革的实践家，但更主要的是一个熟知治国治民真谛、超于群英之上的理论家。

周威烈王十六年（魏文侯三十七年，公元前 410 年）吴起进入魏国都城安邑。他听说翟璜是个非常爱才而又能识才的大臣，便投到翟璜门下。翟璜知道吴起是一位军事天才，汶阳一战，不仅打败了齐国，而且震动了列国诸侯，谁都知道小小的鲁国居然打败了强大的齐国，关键人物是吴起。还听说吴起本来是个游士，杀妻求将才作了统帅。翟璜对吴起的道德品格极其厌恶，然而对他用兵作战的才能是欣赏备至的，因此在吴起登门求见之后，翟璜热情地将他留下，并答应在适当时机向魏王推荐他。

翟璜是个细心人。他往日只闻吴起之名，并未与他见过面，见面之后觉得吴起气度高雅，仪表堂堂，谈笑风生，对其印象极佳。为了证实自己的初次印象是否正确，他接连数日与吴起天南海北地畅谈。吴起果然名不虚传，无论谈兵法战策还是谈治国安民都头头是道，有章有法，不落俗套。呵，他信服了，吴起是个难得的人才，一定要留住他，并加以重用。翟璜暗自庆幸，对吴起说：“留在魏国吧！文侯

正在选拔镇守西河的大将，我很快就把你推荐去。”

吴起就在翟璜家里住下了。

第二天翟璜就去见文侯。文侯一见翟璜到来，显得异常高兴：“翟璜，你又来给寡人推荐贤才了吧？如今西河这块地方使我忧心忡忡了。”

“大王不必忧愁。”

“我怎能不忧愁，这是一片丰饶的土地，紧靠着秦国，此地又无险可守，一旦秦兵来犯，我即使立刻发兵也难以解围，因为大军渡过这条黄河太难了。”

“既然如此，陛下何不选一能征惯战、智勇兼备的人去西河对付秦国的侵扰呢?”

“这样的人才何处去寻找?”

“我这里就有一位。”翟璜为了吸引文侯的注意力，让他记得牢固些，故意慢条斯理地说：“他本是卫国人，做过鲁国的大将。”

“啊，你说的是吴起吧？此人不可重用。听说在鲁国为了当将连自己的妻子都杀死了。如此残忍绝情之人焉能重用。”

“大王，臣以为这正是我们应该重用他的原因。他爱功名胜于妻子，报国之心胜于爱家之念，这才是大丈夫的胸怀。何况他善于用兵，齐鲁汶阳一战，他以少胜多，以弱胜强，使诸侯对弱的鲁国刮目相看。这样的奇才大王不用，若他归附了秦国，那就难保西河之地了……”

翟璜的一番评论并非危言耸听，他很爱才，也善于辨才，而能及时把他欣赏的贤才举荐给魏文侯。文侯信任翟璜，对翟璜向他推荐的人才特别重视，因此便打断他的话，说：“好了，明天召见吴起，我要与他当面谈谈。”

文侯问李悝吴起这个人怎么样。李悝回答说：“吴起过于贪求功名富贵，生活上也有失检点，贪恋女色。但这个人很有军事才能，论带兵打仗连杰出的军事家司马穰苴也比不过他。”司马穰苴是春秋后期齐国著名的军事家，著有《司马穰苴兵法》一书。李悝将吴起和司马穰苴相比，并认为吴起在司马穰苴之上，可以看出，吴起在当时名闻列国的程度了。

吴起受到了魏文侯的接见。文侯虽然很想听听吴起对战争的看法，却又不想暴露自己的想法。于是便违心地说道：“我不喜欢治兵打仗的事情。”吴起不慌不忙地说道：“果真如此吗？大王。如果这样的话，您一年四季让人把宰杀牲畜的皮剥下来制革，涂上红漆，绘上各种色彩，又烙上大象或者犀牛的图案，这东西冬天穿不会暖和，夏天穿当然也不会凉爽，请问大王，这是干什么用的？魏国又一直在制造大戟，长的有 2 丈 4 尺，短的也有 1 丈 2 尺，这些戟造出来难道是当摆设的吗？把车门用皮革蒙住，将车轮和车毂上也包上皮革，这种车子看上去很不美观，乘坐它去打猎，似乎又过于笨重，这车又是干什么的呢？”吴起发出的这一连串的问话使得魏文侯无言以对。吴起看了看文侯继续说道：“这些东西国君要是准备拿它们来进攻别国或是守卫国土的话，那就该去寻找善于使用它们的人，不然就像抱窝的母鸡和凶残的野猫搏斗，或是正在哺乳的母狗去触动兽中之王老虎一样，虽然有战斗的决心，但显而易见，这种挣扎是徒劳的。大王难道不知承桑部和有扈部的故事吗？承桑部废武兴文，结果部落灭亡了。有扈部则是穷兵黩武，依仗兵力雄厚四处征战，结果部落也灭亡了。一个贤明的君王看到这些，就会对内修文德，对外加紧武备。所以说：外敌入侵而不应战是不义，看到敌人的尸体而哀怜是不仁！”一席话说得

魏文侯如拨云见日一般，心头豁然开朗，于是文侯在庙堂里亲自设宴为吴起接风，让夫人给他敬酒，非常隆重地任命他为魏国的大将。

千头万绪从何入手？吴起决定先抓住军队这一中心环节。没有强大的军队，就要受到秦国的骚扰。没有安定的环境，西河百姓就无心植桑种谷，不能使生活富裕起来，将有更多农民流亡他乡。

训练军队，首先要选拔各级军事长官，只有将领是文武兼备的全才，才能带出勇武善战的士兵。他的原则是“贤者居上，不肖者居下”。根据这一标准，对原先驻守西河的军队将校重新筛选，对那些具有较高的指挥才能，战备观念强，作战不怕牺牲，有了功劳不骄傲的将领就留用；对不符合这些条件的将领或降级使用，或让他们去充当士兵。除此之外，吴起还特别重视发现士兵中的人才，把他们提拔为军官，使他们成为军队中的骨干力量。那些机智勇敢，熟悉阵法，能攻能守的军官，不论年龄大小，出身贵贱，都大胆地把他们提拔为将领，使之有职有权。将领选定之后，即着手整顿军队。吴起整顿军队的指导思想是“兵在精，不在多”。因此他对西河原有驻军中的士兵也严格地进行审查。对那些操樽动弓，带得动箭，扛得动戈，走得动路的士兵就留下；对那些老弱病残的士兵，则安排回乡务农或留作守仓护廪的后勤卒。经过一段时间的调整和精简，西河魏军的面貌发生了很大变化。吴起又抓紧训练，数月之后，兵强马壮，完全可以与秦国较量一番了。

秦国素以好战而闻名天下。对于魏国的西河，他们早通过不正当的手段据为己有了，但是，还贪心不足，时时刻刻觊觎着河东。魏文侯深深感觉到，不夺回西河的几座城，魏国的西部边境将永无宁日。可是多年来都没有选出可以担当收复西河重任的人。自从吴起来到魏

国并被他任命为大将派驻西河之后，他心里感到几分安慰。吴起在西河所进行的选拔将领，整饬士卒的条法，他非常赞赏。凡是吴起报请提拔的将领，他都毫不怀疑地一一批准；凡是吴起决定不再任用的地方官吏，他都同意撤去他们的职务。国君的信任，增强了吴起严格治军的决心和战胜暴秦的信念。可是在训练当中，他发现许多士卒在搏斗中，有的刀剑折了，有的戈矛断了，究其原因，这些武器本来就是青铜制品，铸得又不坚固，再加上很少磨砺，有许多刀剑已经锈斑累累了。这样劣质的兵器，如何能在战场上与坚甲利刃的秦军抗衡？他决定重铸刀剑，再造坚甲。

一天，帐外走进一个卫卒，说有一位朋友来到营门外要见吴起将军，他不报自己的姓名，只说是海边背剑的闲人。吴起听到此话，立刻激动起来，呵，这是我的朋友，是他引我结识了蛾的一家："快，请他进来！"

卫卒走了，吴起也急忙跟了出去。啊，果然是信，还是那样洒脱，那样健壮。吴起跑上前去抱住了阔别十年的老师，把他拉进大帐。

"啊，信师，你从哪里来，是天上还是地下？"

"从海边来。我是一条游龙，命中注定离不开大海。"

"你知道蛾和她的父亲在哪里吗？"

"哦，你还记得那位民间女子和那位年老的铁匠？"

"记得，记得，那是终生难忘的呀！"吴起拉住信的手，"你知道他们住的地方，我求你去把他们请到西河来。"

"唉，老铁匠已经过世，蛾继承了父亲的技艺仍在铸剑。她总是带着几个徒弟走南闯北，行踪不定，哪里去寻找呀！"

"信师，吴起受文侯重托镇守西河，而魏军武器十分低劣，我迫

切需要有更多的铁剑铁矛。而铸造铁器，蛾的技艺是少有的。我求恩师为我去请她和她的徒弟们到西河来为我铸刀铸剑，助我抗击暴秦。除此之外，我还请恩师做我军的剑师，把你的击剑绝技传授给西河守军。”

“哦，不不，我此次来西河纯属游山玩水，前一段登了华山，下一步将要去领略龙门、壶口的大河风光。在蒲州听说你做了魏侯的西河守，我才绕道来看望你。实在不能在此耽搁。”

“信师，你若不答应，我便在你面前长跪不起。你骂我是霸也好，是氓也好，你既然来了，就休想再走。”吴起说到这里真的撩袍跪地，“弟子无礼了。”

信震惊了，不管这位兵家眼前的行为，是真是假，是正经还是儿戏，信都被感动了。他急忙拉起吴起：“你在我面前也施展计谋吧?”

“不敢。我真诚地拜托你为弟子去辛苦一番。”

信笑了，笑得开心而诡谲：“你对蛾还有剪不断的旧情吧？若是这样，信倒愿成人之美，到卫国跑一趟。”

“谢恩师！此去濮阳千里之遥，跋山涉水，路途艰难。我送上一匹良马，再派几名士卒随你同去如何?”

“甚好。万一蛾不在家乡，我还要四处寻访，乘马要比步行方便些。我收下了。”

第二天用过早饭，信带着四名士卒启程了。吴起把他们送到大营门外，拱手道：“信师，速去速回，一路顺风。”

吴起回到大帐若有所失，呵，信走了，他为我去寻找蛾了，他还会回来吗？蛾在何方？信能找到她吗？蛾是一个四海漂泊、行踪不定的人，寻找到她绝非易事。况十载岁月，她已经接近而立之年，如果

女已成妇，妇已作母，她能舍家弃子只身到西河来吗？

不错，吴起在西河，然而吴起比起她的爱夫亲子又算何物？我痴心不改，荒唐呵！我信任我的好友信，他不会诓我，然而信的真诚、信的忠实又使我担忧，万一找不到蛾便不回西河，我岂不连剑师也丢掉了吗！

演兵场上传来激越的喊杀声，使吴起从遐想中走出。他循着喊杀声走去，见一队士卒正在操练。他们分成两列，展开格斗。两个回合下去，地上便倒下几名士卒。吴起好生奇怪，这些人竟如此不堪一击？他走近一看，原来队列里的士卒高低胖瘦不同，强壮羸弱迥异，问其情况，有人能操十二石之弩，有人能日行二百里；而前者行动迟缓，日行不过五十里；后者双臂举剑，也擎不住前者轻轻一击。吴起看到这种状况，暗自思忖，假如能根据每个士兵的特点分别编队，再让每个队在作战时担负不同的任务，既有局部的分工，又有整体的配合，就能适应各种复杂的环境，对付任何狡猾多变的敌军。这样的军队不需要庞大，只要有三千人，便内出可以突围，外入可以破城了。

吴起回到大帐，立即根据士兵的特长制订了一套进行编队训练的方案，第二天，他便在军队中实施。他把勇敢而且有力气的人编为一队；把乐于通过战斗为国效力，以显示他的忠诚勇敢的人编为一队；把跳得高，跑得快，善于长途奔袭的人编为一队；把那些打过败仗，丢弃了守城，而想立功补过的人编为一队；还把丢了官而又想立功复职的人编为一队。这样整顿的结果，使每个成员都感觉自己处在最佳位置，感觉自己有了用武之地，于是心情舒畅，斗志昂奋，积极主动地投入一场备战练兵的热潮中去。

练兵紧张而有序地进行着。然而兵器的重铸却是个大工程：在信

把蛾找回来之前，吴起把军中的能工巧匠都集中在一起，还把那些父兄曾做过工匠的士卒派回家去，把他们的亲人请到军营，参加铸造武器的工作。村野农夫所需要的耕地犁铧，这批工匠们可铸造，而铸造坚硬锋利的刀剑，却难住了他们。淬火这道工序无论如何也弄不好，这把刀刃软了，那把剑刃脆了，这个卷刃，那个折断，合格的兵器造出得极少。吴起心里十分焦急，照这样的速度工作，何日才能用坚甲利器把魏军武装起来。

不久，信回来了，而且还带来了蛾和她的几位弟子。

十年不见，蛾长得更加丰腴和俊俏了。她看到吴起之后，双手抱拳行了个潇洒的游士礼节，动作有几分男子的粗犷，却又不失娇柔。吴起心里一震，呵，还是那个骄纵不驯的蛾啊！吴起与蛾分别十年，生死茫茫，音信未通，然而十年前的那段邂逅相逢而又永远难忘的情缘，却烙痕般地刻在两个青年人心坎上了。怎能忘记那次诀别，一个是含情脉脉，欲语无声；一个是难舍难分，又不得不离去；一个是贫贱的工匠之女不敢高攀富商的公子；一个是心怀门第偏见，不肯违抗母命娶个下等人家的女儿。分别之后，吴起娶了好又休了好，娶了素又杀了素。这些女人都真诚地爱着吴起，然而无论是鸵绣能织的好，还是能舞能琴的素，都不能挤去蛾在吴起心中的位置。特别是好已另嫁，素已亡故，他只身来到西河之后，常常想起蛾。赤蛾剑挂在墙上，上有蛾的目光；剑佩在腰间，身上有蛾的体温。蛾无时不在，无处不在。

吴起把蛾及她的徒弟们安排好食宿之后，立即请信和蛾以及苏原、成桓到大帐议事。他首先在两位将领面前介绍了信和蛾的超凡技艺，然后又把经自己考查认定的将领苏原和成桓的事迹介绍给信、蛾。五

个人谈得很投机，不觉到了中午时分，吴起下令摆上酒宴，边饮边谈。蛾的话说得不多，但她与十年前相比，显得成熟多了。她说原有的军中工匠都要留下，我只需指点指点，就能一通百通。谈到铸剑淬火，蛾已经摈弃了用人肉人血饲剑的做法，她强调掌握火候和淬火的时间长短。她幽默地说："如果每把刀剑吮我一滴血，两万件兵刃会把我的血吮光，我就成了一张连血色都没有的白皮了。"

吴起欣慰地点点头，望着略显羞涩的蛾笑了。

信打算先教会一批校尉，然后由校尉再转教士卒。这样一传十，十传百，很快就能使千百人掌握他的击剑技巧，不出两月，信氏剑法就可以普及全军了。

吴起采纳了信和蛾的建议，当场布置苏原、成桓速速准备铁矿和石炭，三日之后便开炉铸剑。

苏原和成桓的准备工作在三日之内果然完成了。于是炉火日夜不熄，在蛾和她的徒弟的指导下，各处的铸剑工艺都大大提高了，铸剑的速度也加快了。就在铸剑的同时，信的剑师训练队也成立了。三个月之后，西河魏军都配备了精良的刀剑和戈矛。加上信训练有方，士兵的格斗技术大大提高了。吴起欣喜地向魏文侯禀报，陛下可以下令进攻秦国，夺回魏国的失地了。

魏文侯没有立即下令伐秦，他要亲自检阅一下吴起训练过的部队。他亲自来到校场，观看士兵的演练。文侯坐在将台上，让吴起坐在他身边，演练由苏原负责实施。成桓则立于台前用手旗指挥。当成桓扬起右臂时，五个方队进入校场。苏原走在最前头，擎招摇旗，前后左右按朱雀、玄武、青龙、白虎四种旗帜护卫，风卷军旗，哗哗作响，一时鸟飞龟爬龙腾虎跃，气概非凡。军旗下，五个方队按击剑、挥戈、

舞盾、攀援、跳跃几种技巧依次表演。文侯看得很专注，当他看到击剑队中不少剑被削成两截，许多盾被刺穿时，不禁敛容而吼：“吴起将军，这是怎么了？”

吴起起身回答：“这是有意让陛下看看，以往的兵器与新铸的兵器相拼，会是个什么结果。”

“唔，听说你从卫国请来了铸剑名匠，何不请来一见。”

“好。”吴起轻轻呼唤，“蛾，大王要见铸剑的名匠。”

蛾听到呼唤，轻捷地飞身跳上将台：“民女蛾在此。”

文侯见是一位女子，好生惊异：“哦，你是一位女子？”

“是。”

“唔，女子也能掌握铸剑的绝技，你的师傅是何人？”

“蛾的技艺是家传。我父亲是个铁匠。”

“呵，难得难得，寡人已经看到你为魏国士卒所铸的良剑。你是有功之人，我封你为女大夫。”

“蛾本草野之人，布衣蔬食已成习性，实在不敢作魏国的大夫。请大王谅解。”

“哦，你既不愿做官，寡人就赐你良田千亩，在富饶的西河落户吧！”

“大王，民女自幼随父作匠，四海为家，一不善耕耘，二不事桑蚕，这千亩之田，蛾实在不敢领受。”

“蛾姑娘，让你白白为魏国铸剑，寡人于心不忍。你有什么心愿，什么请求，说出来寡人一一照准。”

“大王，民女未曾想到大王如此看中我铸的刀剑，不敢领受大王的封赏，我只有一个请求。”

“你讲，任何要求寡人都能应允。”

“我请求大王在任用吴起之时，能原谅或饶恕他的过错。”

“唔，这话是什么意思?”

“吴起口快心直，在任何人面前都敢说出自己对人对事的看法。这个脾气会得罪许多朋友，甚至犯下冒犯君主的大罪。”

“寡人从善如流，闻过则喜，一向重赏敢于当面谏诤的人。我倒怕吴起晦涩含糊，言有不尽呢。”

公元前409年，吴起奉命讨伐秦国。秦国兴起于中国西部。秦的疆域最初主要在今甘肃东南和陕西西部的渭水流域。春秋中期，秦穆公利用晋国发生的“骊姬之乱”，曾夺取晋的西河之地。但晋文公即位后，晋逐渐强大。公元前627年，晋大败秦军，遏制了秦东进的势头。秦穆公之后，秦、晋长期争夺西河之地。

吴起要出师伐秦了。他首先占卜，结果是八月十二最好。出师之日，吴起兵分南北两路，南路由苏原带一万兵马暂不渡河，北路由成桓带一万兵马旌旗招展从孙吉渡河直取秦国的合阳城；南路则在北路渡河之后，才悄悄地夜间渡河，日宿夜行，向临晋方向前进。吴起和信、蛾都跟随南路行军。

成桓带领北路军每到村庄镇堡，便高声呐喊要进军合阳。然而声势虽大，但进军速度却极慢，每日只行三十里便安营。本来是两天的路程，却浩浩荡荡地走了五天。成桓是吴起挑选的将领，并非不懂得兵贵神速的道理。如此拖泥带水地行进，正是为了给秦军留出调兵遣将来救援合阳的时间。果然这种热火朝天的进军声势，吓坏了合阳守将胡德。他自忖一千守军绝对守不住合阳，乘魏军未临城下，赶紧加修城池，派人到邻近的几座城里去求救兵。求救的人派出去了，城墙

与护城河也垒高了，挖深了，可是魏军还没有到达合阳。胡德暗自庆幸，合阳离元里、洛阴不远，只要救兵一到，合阳便万无一失。果然，救兵赶到了，迅速从南、西两门进了城。

成桓的人马在秦国救兵到达一天之后才赶到合阳。首先派出将领到城门外搦战，大喊胡德快出来投降，三天之内不投降，魏军杀进城去鸡犬不留。

成桓虽然让士兵这样搦战，三天之后是否要杀进城去，他自己做不了主，还要听吴起的军令。至于"杀进城去鸡犬不留"，不过是威慑胡德使其迅速求援的一种手段。吴起在出征之前，就一再嘱咐成桓，破城之后，部队迅速进驻敌人的衙门，控制城内的官吏，并没收其财物。不许拆房、抢粮，杀牲畜。其官吏、士卒请求投降的，应该允许，并且妥善地安置他们。至于城内百姓，更不许惊扰和残害。

在吴起的计划里，西河之战的重点攻击地点，不是北路的合阳，而是南路的临晋。临晋地处洛水之东，比起合阳、元里、朝邑等城，它是离秦国都城最近的。先攻下临晋，就切断了秦军的退路，然后北路向西南包抄，南路向东北挤压，西河五城的守军便成瓮中之鳖。

吴起为了不打草惊蛇，南路采取了秘密行军的战术。每到一地便严密封锁消息，过往人等只准进不准出。白天驻扎于村中，连村头的哨兵都潜伏于树上或草丛之中。晚间才沿着小路向西开进。部队经过朝邑时，有意不去惊动守城的秦军。第三天黎明时分，苏原率领的先头部队到达临晋城外，秘密地埋伏在庄稼地里。

吴起已经与信和蛾商量好了，让他们扮成进城卖肉的小商，将几只宰了的羊装上小车，男推女拉向城门走来。他们身后是由魏国士兵装扮的农夫，有的挑担，有的背着口袋，也有的推着小车，来到东门

外等待开城。苏原率领的先头部队在近处潜藏。

太阳升得老高，城门才缓缓打开一个缝。蛾和信的肉车首先走了过去。门缝里伸出一个黑脑袋喊："站住，今天不开城门了。"

蛾故意不解地问："为什么?"

黑脑袋说："听说了没有，吴起……"

不等黑脑袋说完，信就接过话茬："这车上没有武器，就是几只羊。"

"住口！我的话还没说完，你抢什么先?"

"好，你接着说。"

"吴起的人马已经到了合阳，离此地只有二百多里路。万一他派奸细来了呢，不得不防!"

"你看我们这两个像奸细吗?"

"你不像，你像个良家女子。"

"我大伯像吗?"

"唔，他也不像，倒像个读书人。"

就在黑脑袋与蛾搭讪的时候，那群进城的"农夫"一起涌到城门下，七嘴八舌地喊：

"这位大姐别挡道呀！你先把车子挪动挪动。"

"我这担菜还有露水珠呢，再耽误就发蔫了，蔫了就卖不出去了。"

黑脑袋发威了："不要叫喊，今天不开城门了，都回去!"回去?整个西河之战要从这里开始，如何能回去。信向着黑脑袋一拱手："长官，我是出城买肉的。弟弟今日要娶亲，这只羊是买回来招待宾客的。不让进城，岂不误了办喜事，求你高抬贵手吧。"

黑脑袋眼睛眨巴了两下："看你们俩怪可怜的，进来吧!"他招招

手，几个卫兵打开半扇门，等小车推了进去，立刻又关上城门。“农夫”们在城门外又喊又叫。

信对门外的人喊道：“你们别急，好好等着，一会儿就能让你们进城……”

黑脑袋打断了信的话：“住口，你充什么好人。你知道我能放他们进城？”

“长官心慈手软，庄稼人为了养家糊口，进城卖点粮菜也不容易，你一定会动善心。”

“你不要啰唆，我要检查你的羊。”

“长官，羊都是真的，不是猪，不是狗，检查它做甚……”

“我要看看羊肚子里有没有刀。”

“羊肚里藏刀？这绝无可能。”

“你懂得什么！专诸刺王僚，剑就藏在鱼肚里，何况是羊！”

一直冷眼望着信与黑脑袋对话的蛾，突然站了起来：“长官，羊肉又蓬又腥，你何必亲自验查，挑两只让弟兄们抬回庖厨，仔细剔骨割肉，好好检查就是了。”

“好，这位姑娘说话在理，那就劳你们二位给挑两只吧。”

“我来挑。吃羊肉要有肥有瘦，肥了腻，瘦了柴，不肥不瘦正可口。”信一边念叨，一边向蛾使了个眼色。蛾和信一人抓住下面的一只羊腿。信用眼角瞟着黑脑袋说：“这两只如何？”

“很好很好，不肥不瘦。”黑脑袋得意地笑着，“正可口。”

信和蛾突然从羊肚里抽出宝剑，以迅雷不及掩耳的动作，将宝剑刺入黑脑袋的胸口。

信和蛾同时抽出剑来，又刺死两个门卫，然后用剑顶住另外两个

吓得浑身发抖的门卫喊道：“把刀都扔下，把门打开!”刀扔下了，门打开了，城门外的“农夫”瞬间都变成了士兵，分别从车上、菜筐里、柴木中抽出刀来，呐喊着冲进城门。

埋伏在城外的魏军在苏原的带领下一起冲进临晋东门，迅速占领全城，俘虏了守城的将领。吴起进城之后，立即安抚民众，表明魏军是仁义之师，绝不扰害百姓。城内居民仍可安心经商做工，学子仍可在庠读书。这些措施深得民心，霎时，临晋城内又恢复了平静。

吴起按照原先的计划，给苏原留下了五千兵马守卫临晋，以阻挡秦国可能来援的军队。而自己带领五千兵马，分两路沿洛水和黄河迅速向朝邑、洛阴、元里横扫过去。所到之处，行不踩庄稼、驻不扰民。不进民房，只在路旁搭起草棚避避风雨，绝不许铲平有禾苗的土地。有违犯者杖四十。沿途百姓从未见过这样好的军队，于是送来粮草支援魏军。吴起命令部队收百姓的粮草必须按价付钱，公平交易。吴起在行军时不骑马，不坐车，与士兵一起步行。见体弱的士兵不耐负重走路困难时，还接过他肩上的长矛自己扛着。许多老兵被将军的行为感动了，他们宁肯自己忍受疼痛的折磨，也要咬牙跟上队伍。

吴起连克朝邑、洛阴、元里三城，当到达合阳时，北路的成桓已经攻下了合阳，生擒了胡德。

为了准备抵御秦国的反击，吴起发动合阳、临晋的百姓与魏军一起重修城池，数日之内，残破倾颓的城池焕然一新了。吴起立即指挥魏军演习守城和开城突围的战术，他来往于西河五城之间，亲自指挥演练，当各城的守军都将战术、技术训练得十分熟练时，吴起才留下苏原镇守临晋，成桓驻扎合阳，自己率师回朝。

吴起这次受命，率军出征，很快渡过黄河，猛攻秦军，接连攻克

秦的临晋（今陕西大荔东南）、元里（今陕西澄城南）、洛阴（今陕西大荔西南）、合阳（今陕西合阳东南）等五座城池，占领了黄河以西、洛水以东的西河地区，取得了重大胜利。大大巩固了魏国的西部边境。历史上称这次战斗为“泾水之战”。吴起之所以能够刚刚到魏国就大败秦军，除了卓越的军事才能外，与他平易近人、身先士卒也有很大的关系。作为将军的吴起与士卒同甘苦，共死生。他和士兵一样穿最下等的服装，与士兵一样吃粗食冷饭。睡觉不铺席子，行军时不坐车马。见到士兵背的粮食太重，赶紧跑去分出一点自己背上，分担士兵的劳苦。一场战斗刚刚结束，硝烟还在弥漫，吴起就走到士兵中间，聆听士兵的言谈，查看伤员的伤情。由于他穿着一般，说话平易近人，士兵们常常不知道关心、爱护他们的就是他们敬重的将军。有一次，在吴起查看营帐时，发现一棵大树下侧卧着一个士兵，脸色枯黄，头发已有些花白，不时地呻吟着。他走上前去亲切地问道：“老伯，您哪里受伤了?”那人将眼皮抬了一下，发出一声叹息。经吴起仔细察看，发现他背上的伤口早已化成了脓疮。衣服已被粘在上面。吴起轻轻地帮他脱下衣服，脓血开始向外流。吴起没有说什么，俯下身用嘴帮士兵吮吸那脓血，像一个孝敬的儿子对待父亲一样。吮吸完脓血，吴起喊来大夫，拿出消炎药物，亲自为士兵包扎。然后告诉身边的士卒，要好好照顾这位老伯。有人问吴起身边的随员这是谁?随员告诉大家：“这就是我们年轻的吴起将军。”将军为士卒吮吸脓血的事很快传遍了军营。

吴起的所作所为，深深地感动了部下的将士们，他们纷纷议论新来的吴将军的好处，从心里拥戴这位吴将军。尤其是那位患痈疽的士兵，在吴起为他吸出了脓之后，病很快就痊愈了。在战斗中，这位士

兵表现出了超人的勇猛，他杀入秦阵，随即身后掀起了一阵猩红的血雨，杀得秦军魂飞魄散，而他自己也因多处受伤壮烈牺牲了。吴起部下的士兵对吴起如此忠勇，这样的部队哪有不打胜仗的道理呢？

吴起胜利归来后，安邑沸腾了。魏国打败了秦国，夺回了五座城，几十年来这是头一回呀！秦国欺侮了我们多少年，是吴起将军给我们雪了耻，报了仇。去迎接胜利之师呵！去犒劳有功之将呵！安邑的百姓笑着、跳着奔向西门，自觉地排列在街道两旁迎接班师回朝的魏军。

当吴起的战车临近时，百姓们欢呼跳跃，拥上前去拦住战车，向将军敬酒。吴起立在车上，不断向父老拱手称谢。威武整齐的步兵走过来了，一个个都身穿三连环的铠甲，头戴铁盔，腰佩利剑，身背强弩，腰挎装五十枝箭的箭袋。走起来足下生风，好不威武。文侯也十分兴奋，亲自迎出大殿，握着吴起的手笑个不停。

中午时分，文侯在太庙接见了所有在西河之战中立了功的功臣。他采纳吴起的建议，让立了大功的坐在前面，有丰盛的酒席，用贵重的大鼎盛着牛、羊、猪，以示奖励；立次等功的坐中排，也有荤菜，用小些的器皿盛着；没有立功的坐在后排，使用一般的器具盛菜。赐宴完毕，文侯又到太庙门外，按功劳大小赏赐有功者的父母妻子，并宣布对作战中牺牲者的亲属，每年都派专人去慰劳和赏赐，以表示对死者的永久怀念。

吴起的这一做法，在魏军的作战历史上是第一次。它大大鼓舞了立功者，他们和他们的亲属享受了殊荣，更使他们决心在下一次战斗中功上加功。而那些立了次功和没有立功的人，也在这次宴会上受到激励和教育，使他们决心在下一次战斗中立大功或争取立功，以改变坐末席的尴尬地位。

吴起为国立了大功，受到了文侯的宠爱，自然会有人尊敬，有人羡慕。但另一些未受魏文侯垂青的冗臣，就因此产生了嫉妒之情。尤其是吴起从西河班师回朝，文侯竟出宫相迎，挽手上殿，更使那帮老臣心里不舒服，不服气，甚至可以说是吃醋了。吴起连拔五城，秦国竟然未敢反击，一向在边境上不合的赵国、韩国，也都派遣使臣来表示互不侵犯。为什么？秦简公、赵献子、韩武子都怕吴起。魏国地处中原，夹在六国之中，是名副其实的“四战”之国，然而从吴起打败秦国之后，“四战”之国成了“四和”之国。

与周边邻国和睦相处了，仗也打不起来了，不打仗将军还有什么用处？因此吴起在魏都安邑过了一段平静的生活。

文侯是个头脑清醒的君主，他知道别国与魏修好，是看到魏国强盛，而且有良将吴起掌兵才不敢妄动；暴秦所以不兴兵东犯夺回五城，是怕对付吴起需要付出惨重的牺牲，因此权且忍下一口气，等待反击的时机。文侯看到了这种情况，不敢稍稍松懈。他命令吴起监督军队的训练和整顿，留住蛾指导工匠继续制造刀剑，更换全军的武器。信的击剑技术高超，让他在各地的军营中巡回教练剑术。总之，魏国的武卒并未刀枪入库，马放南山。他们日日夜夜在备战，在练兵，准备随时反击入侵之敌。

在这以后的一段时间内，吴起和他的勇士成了魏国活动的界碑——他们的战马在哪儿咆哮，魏国的领土就向哪里延伸。几乎所有的诸侯国都知道了魏国有一位常胜将军——吴起。

吴起从青年时代就梦想的那种叱咤风云的日子终于实现了，这使吴起兴奋不已。

魏文侯三十九年，东部的中山国再次侵扰魏国，文侯决定兴兵讨

伐。派谁为帅呢？文侯自然而然地想到了吴起。但是素以识才荐才闻名的翟璜却推荐了乐羊，说乐羊文武全才。魏文侯一向尊重翟璜，他推荐西门豹去治邺，邺地兴旺；推荐吴起到西河伐秦，连下五城；这次推荐乐羊，必定又是一位贤能之人。文侯正要召见乐羊，近臣冉力奏道："乐羊的长子乐舒，正在中山国当官，你怎么能派乐羊去伐中山，倘若父亲下不了手，父子共谋，狼狈为奸，岂不……"

翟璜打断冉力的话，说："乐羊是注重功名的人，他儿子初任中山时，曾替中山子姬窟召乐羊去做高官，乐羊说中山子是个无道的昏君，不能去做他的官，你也应该立即离开他。父子二人谁也不能说服谁，乐舒还在中山国为臣，乐羊则留在魏国甘心做个布衣闲士。如果陛下召见乐羊，封为大将，授以生杀之权，他必然感激你的恩宠，抛却父子之情去收服中山。"

翟璜的一番话说服了文侯，当即召见乐羊拜为元帅。他怕乐羊初次领兵会有差错，特派西门豹为先锋，吴起为副将，一同出征。

公元前 409 年，魏文侯派乐羊越过赵国进攻中山国。中山国的疆域在今滹沱河流域的灵寿、平山、晋县一带。

在乐羊攻打中山国的过程中，吴起和西门豹都率军参加，这次战争持续了三年，最终攻克了这个顽强的小国（几年后，中山又复国）。

乐羊是魏国的名将之一，是一位有功于魏国的人。年轻时乐羊在路上拾了一块金子，回去交给了妻子。妻子对他说："孔子不喝盗泉的水，有志之士不吃嗟来之食，而你却拾别人丢掉的金子来玷污自己的德行。"结果乐羊把金子抛掷在原地，到远处学习本领。一年后，乐羊回家，妻子问他为什么回来，他说："没有什么事情，只是太想念你和孩子了。"他的妻子拿刀快步走到织机旁，用织布的道理劝说乐羊

学习要持之以恒，勉励他完成学业。乐羊在攻打中山国时，他的儿子在中山成了人质。乐羊没有因为儿子撤兵，而是更加督促士卒猛攻。中山国的人就把乐羊的儿子杀了，做成肉汤给乐羊喝，乐羊哭着喝了下去。

乐羊没有辜负魏文侯重托，三年之内攻下了中山，中山君自缢而死。那位出主意把乐羊之子乐舒杀死并煮其肉送给乐羊吃的大夫公孙焦跪地请降，乐羊尽数其谄言败国的罪行，推至街心斩首。乐羊留下西门豹守中山，率军班师回朝。

魏文侯得知乐羊大胜而归，亲自出城迎接，拉着乐羊的手说："将军为了魏国失去了儿子，这是寡人的过错呀。"

"陛下何出此言，臣若顾私情怎对得起主公的重托。不肖子投靠无道昏君，死不足惜。"乐羊说罢，立即呈上中山国地图及在中山君宫中所获的珍宝清单。文侯大喜，即在宫中设宴，亲自捧觞赐酒。乐羊接酒一饮而尽，大有趾高气扬之色。乐羊的举动引起群臣的鄙视。

这个场面，吴起一一看在眼里。文侯，你在想什么？你在做什么？亲自迎出城门，尚可理解你兴奋的心情，可是亲自捧觞赐酒，你未免做得过分了，过分就失去了真实。乐羊，你的学问使我钦佩，中山之捷也显出你的智慧。然而你食子之肉的行为，朝中的君臣，麾下的士卒都会认同吗？

大宴结束后，文侯又派了两个人捧着两只密封的小箧，送乐羊回家。乐羊本以为箧内必是珍珠金玉，命人捧进中堂打开一看，一张一张都是群臣的奏章，奏本内尽说乐羊反叛之事。乐羊大惊，原来朝中群臣对我如此造谣诽谤，若非文侯不为奏本所惑，我如何能取得讨伐中山的胜利。次日，乐羊入朝谢恩，文侯又加赏，乐羊坚辞不受，说：

“臣灭中山，全赖陛下支持，乐羊在外不过做了些微不足道的事，没有什么功劳。”

“不必推辞了，我信任你，你没辜负我的信任。乐将军非常疲劳，从此以后就休息吧！你休养的地方在灵寿，去那里安度晚年，兵你就不用再带了。”

乐羊无话可讲，再次叩谢文侯的恩典。

乐羊走后，翟璜说：“大王，乐羊并非无能之辈，如果朝中无用他之处，为何不让他领兵戍边？”

文侯笑了笑没有回答。

翟璜不敢再问。出朝便赶到好友李悝府里，开门见山：“大王一向重用人才。乐羊将军平定中山立了大功，叫他离职去做灵寿君，这岂不被天下人耻笑。”

“文侯考虑得比你深远，你想一想，一个做父亲的连自己的儿子都不爱，绝情到亲食其肉，他还能爱别人吗？你难道忘了易牙杀子做羹敬献主子，管仲怒而与之绝交的故事吗？”

翟璜默默地点点头。

乐羊怀着一种无比凄凉的心情启程了。群僚中没有人送他，只有吴起将他送到了东门外，他望着乐羊年老的妻子坐在车上呜呜咽咽十分可怜。她一定是在想念那个肉被丈夫吃掉的儿子。吴起不由想起了素，此刻，他多么理解乐羊的心情啊。乐羊走了，车马逐渐远去，仿佛带走了吴起昨日的记忆、明天的梦想。

魏文侯对待吴起与鲁穆公可不一样。当魏国东征中山之时，秦国在西河又蠢蠢欲动了。

在攻打秦和中山国的战斗中，吴起充分运用自己所学的军事理论，

扬长避短、灵活机动、出奇制胜。他为军队攻城夺地制定了严格的纪律，对残害百姓、奸淫妇女、杀害俘虏、毁坏农田等行为都给以严厉的处罚，在百姓中，树立了仁义之师的形象。

吴起率军凯旋魏都时，魏文侯率领文武大臣，为得胜之师举行了极为隆重的欢迎仪式。

经过两次战役的考验，公元前 406 年，经翟黄推荐，魏文侯任命吴起做了西河守。

启程前，魏文侯为吴起举行了盛大宴会。锣鼓喧天，鞭炮齐鸣，整齐的仪仗队庄严肃穆地站到两旁，穿着华丽服装的宫女在大厅里载歌载舞；宴席上山珍海味，应有尽有。魏文侯亲自为吴起斟酒，国君夫人也特意来为吴起敬酒送行，勉励吴起为魏国的千秋功业再建丰碑。这是作为一个地方长官很少能得到的殊荣，吴起深深地为此而感动。士为知己者死，吴起默默地发誓，绝不辜负魏文侯对自己的厚望。

西河郡因在黄河之西而得名。地处黄河以西、洛水以东。相当于今天的陕西省华阴以北、黄龙以南、洛河以东、黄河以西地区。与秦韩二国接壤，是三年前吴起用战争从秦国夺取的地方，构成魏国西部的屏障。由于它孤立地处在黄河以西，与魏国主要国土相隔开，是一个易攻难守，极易遭秦、韩攻击的地方，因而过去曾几度易手。西河地区土质肥沃，物产丰富，在经济上和战略上具有特殊重要的意义。魏文侯把如此重要的地方交给吴起，显示了他的知人之明和对吴起的信任。一定程度上，魏文侯是把魏国的安危存亡托付给了这位文武双全、谋略超群的将军。

吴起来到西河后，他做的第一件事就是推行李悝的变法。李悝是法家的代表人物，他的变法就是变奴隶制为封建制。吴起以此为指导

方向，在政治、军事、经济等方面进行了一系列的改革。

吴起初到西河，认为首要的是取信于民，让人民信赖政府。一天晚上，他叫人把一个大木柱子栽到南城门的外边。然后通知附近的百姓：“明天如果有人推倒南城门之外的木柱子，官府将委任他做士大夫的官。”第二天，附近的许多人都跑到南门之外观看结果，然而天色很晚了，仍然没有人站出来推倒柱子。人们议论纷纷。有人说：“推倒一个木柱子就能做士大夫这样的官，准是当官的没事干，想出花招，来耍弄老百姓。”天色越来越晚了。这时一个年轻人跑过来大声说：“请大家让一让，我过去推倒那个木柱子，大不了不给官做，只是费点力气，又不会有什么别的损失。”于是，他用力推倒木柱，跑到官府去见吴起，后面跟着许多看热闹的人。年轻人没想到吴起亲自出门接见了他，当场委任他做了士大夫。当天夜里，吴起又命人在南城门外栽了一个木柱子，再次告诉人们，推倒木柱子委任给士大夫。城中守门的人们争着去推木柱子。然而，由于木柱栽得太深了，谁也推不倒。因此，这回也就没人当上士大夫。从此之后，老百姓相信吴起是个赏罚必信的官。吴起这种取信于民的办法，在后来的变法运动中亦被商鞅等人所效法。

吴起得到人民的信任之后，便着手进行改革。要讲吴起改革就不能不讲讲李悝和子夏这两个人，因为吴起所实施的改革是在李悝的领导下进行的，而李悝的思想又受子夏的影响。说起子夏这个人物非常有趣，他自身就是一个奴隶制度与封建制度的矛盾体。他本身是儒家却又有着法家的倾向，这就导致他忽左忽右、犹豫不定。在市井看到新兴地主阶级富贵的情景，他兴奋不已，而听到孔子的儒家学说时，他也深信不疑，两种思想在子夏的内心深处展开了激烈的斗争。有一

次，曾子（孔子门徒）遇到子夏，发现他比以前胖了许多，便问道：“这些日子未见到你，你因何较以前胖了许多？”子夏说：“我觉得现在新出现的一些制度很不错，可又觉得过去的制度也很好，究竟是新的好呢？还是旧的好？我也拿不定主意。这样一来二去，我就瘦了下来。现在好了，过去的制度我认为还是比现在新出现的要好一些，有了这个定论我自然也就胖了。”子夏一边说着一边摸着自己的双下巴，显出了一副得意的样子。子夏的最后结论当然是错误的。他思想上的前后变化，说明他的思想已不再是单纯的儒家思想了，但是最终也没有转化成真正的法家。子夏晚年，他来到了魏国，当时正值魏文侯执政期间。文侯对子夏非常尊重，认子夏为自己的老师。子夏也就在魏国安顿下来，住在西河。这个西河与吴起镇守的西河并非一地，它在今河南汤阴县东。而吴起镇守的西河在今陕西大荔县以东地区。子夏在那里教了很多学生，据说有三百多人。在这么多的学生里，比较有名的有魏文侯、李悝等。而对魏国改革影响最大的就是李悝了，他把子夏的思想加以改造，使之成为彻底的法家思想。李悝也就成了前期法家的代表人物。

李悝的变法改革主要在政治和经济两个方面。在政治上，李悝主张废弃腐朽的世袭制，把那些无能的旧贵族赶出政治舞台，用这些人的财产来封赏外来的有识之士。无论地位高下，只要对国家有功劳就可以得到封赏，而有罪则必罚。在经济上，李悝实行了“尽地力”和“平籴（即买粮食）法”。李悝为一般 5 口人的家庭算了一笔账。按一家种田百亩（合今 30 亩左右）一年收获的粮食，等到交完租税、留足口粮、支付各种费用以后，就剩不下什么了，要想添件衣服也感到困难，如果遇上疾病、丧葬等事或国家增加税收，就更没有办法了。所

谓“尽地力”，就是说用各种办法来提高土地的单位面积产量，从而达到富国的目的。“平粜法”，是让农民在丰收的年头把多余的粮食卖给国家，国家按平价收购；而一旦年景不好，粮价飞涨时，国家再按平价卖给农民，以帮助他们度过荒年。这样一来，农民的生产积极性有了很大提高，也就促进了生产的发展。此外，李悝还作了《法经》一书，用法制保障新兴地主阶级的财产不受侵犯。

吴起在西河的改革，正是按照李悝的这些理论进行的。首先，吴起在政治的上下等级和生活中的伦常关系上，建立起了一套封建制的新秩序。然后，清除奴隶制社会遗留下来的旧风俗和旧习惯，使人们从意识上接受新生的封建制度。而在经济上，吴起领导大家发展生产，使国家粮食仓库充实，边防军的粮草充足，给国家打下良好的经济基础。

另外，吴起还改变了那些使他自己也受害匪浅的奴隶制用人制度，大胆提出“贤者居上，不肖者处下”。就是说，有本领的可以获得较高的地位，而无能的人就该处于低下的地位。按照这个原则，吴起起用了一大批出身下层而拥护新兴地主阶级的官吏和军队将领。这些人后来成了吴起在西河改革的中坚力量。

在西河吴起不仅在政治、经济上进行了改革，而且在魏国军制上也进行了改革。他的军制改革取得了更加巨大的成就。

列国纷争，战争不断。一个国家的存亡和其军事力量有着直接的关系。一次战役之后，如果胜利了，国家不仅可以生存，而且还可得到发展；如果战败了，可能会亡国灭族。为了适应战国时期形势的需要，吴起厉行军事改革，创建了一支素质优良，纪律严明，作战勇猛顽强，所向披靡的劲军——魏武卒。

魏武卒是从个体农户的成年男性中严格挑选出来的一支常备军。吴起清楚地知道，士卒身体素质的好坏对整个军队的战斗力有着很大的影响。因此，吴起挑选士卒极为严格：要求参加挑选的青壮年男子披上沉重的厚甲，携带12石拉力的强弩，再带上50支利箭，扛上长戈，头戴铁盔，腰佩短剑，背上足够吃3天的干粮，在一天之内行军100里。可见吴起挑出的士卒是多么的强悍。吴起用这些严格挑选出来的精兵，建立了一支威震列国的军队——"武卒"。这支队伍后来在吴起的率领下，为魏国保卫西河，开拓疆域，立下了汗马功劳，同时也创下了"大战七十二，全胜六十四，其余平手"的战争奇迹。这种战绩在中国乃至全世界也是极为罕见的。

吴起对将领的要求是严格的，要求他们能受谏，能采善言，他说将领如果拒绝别人的好意见，真正有智谋的人就不愿留在你身边。将领若是听信谗言，部下就与你离心离德，甚至要叛离了。

吴起还要求他的将领能在危难时刻拿得出主意，控制全军，指挥若定。有一次上战场前，卫士给他献上一把剑，吴起说："将领是负责指挥作战的，要临难决疑，至于拿一把剑上去杀敌，这不是将领分内的事。"

吴起严禁将领利用职权贪财好色或稍有不快便迁怒于士卒。坚持以法治军，赏罚严明，要求校尉士卒绝对听从指挥。

"武卒"战斗力如此之强的另一主要原因是，吴起为这些在前线与敌人浴血奋战的勇士们解除了后顾之忧。

吴起的战争观是服务于新兴地主阶级的利益的。他认为，要巩固地主阶级的政权，仅仅重视政治还不够，还必须建立一支强大的军队。他曾引经据典地对魏武侯说："春秋时期，齐桓公招募了五万勇敢的

士兵，就称霸于诸侯；晋文公集中了四万士兵为前锋，就实现了自己独霸天下的愿望；秦穆公选三万人冲锋陷阵，就制服了四邻的强敌。今天，如果有三千人的精锐部队，由内向外冲，就可以突破敌人的包围，由外向内攻，就可以攻陷敌人的城池。”吴起在西河期间，在魏武侯的支持下，积极改革兵制，建立了战斗力很强的常备军。

对选拔出来的士卒进行严格的训练，使他们保持顽强的战斗力。他要求士卒坚持不懈地搞好军事基础训练和战备行军训练。其中包括单兵技术、战斗队形、阵法训练以及“进兵之道”“行军之道”“驻止之道”“驯谙马匹之道”，等等。在训练方法上，他强调由点到面，层层推广，直到整个军队。

吴起认为，要充分发挥军队的战斗力，必须加强内部团结。他明确提出，国内不协调，不能出兵；军队不协调，不能摆成阵势；阵势不协调，不能作战；作战时各部之间不协调，战斗就无法取胜。所以一个善于治理国家的君主，必须保证国家的安定及内部各方面的团结；一个良好的军事指挥官，必须保证法令严明，罚赏必信、纪律严格、训练有素、将士同心，只有这样的军队才会有强大的凝聚力和战斗力。在《治兵》篇中，吴起把这样一支“投之所往，天下莫当”的军队，称之为“父子之兵”。

参加“武卒”的都是身体强壮的青壮年男子，他们正是大部分农民家中的强劳动力。这些强劳动力当了兵，家中谁来照看？徭役谁去服？租税谁来交？这一系列的问题如果不能很好地解决，士卒的体质再强也会因为对家中放心不下而不会去全力拼杀的。吴起注意到了这个问题，决定免除“武卒”家属的徭役和租税。这样一来，农民觉得参加“武卒”既不吃亏，又非常光荣，很多年轻力壮的农民纷纷要求

参加“武卒”。

“武卒”建立之后，吴起又分别把异常勇猛而又力大无穷的人编为一队，把乐于在战斗中为国效力、以显示其忠诚和勇敢的人编为一队，把能够越高跳远、善于奔袭的人编为一队，把因打败仗、想立功补过的人编为一队，把因为被罢官而想立功复职的人编为一队，共编五队，称之为“五卒”，以便尽可能把每个战士的特长充分地发挥出来，又使各队之间互相密切配合，很快适应各种复杂的战斗环境，战胜数倍于己的敌军。它是魏“武卒”的特种部队。吴起也曾骄傲地对同僚们讲：“只要有三千名五卒，我就能从敌军的铁壁合围中突围而出，同样是这三千人，也能将敌人固若金汤的城池攻破!”

吴起对“武卒”的领导非常强调“以法治军”，以使“武卒”的内部有严明的纪律，能够做到令行禁止。

有一次，吴起率领“武卒”去进攻秦国。在“武卒”中有个士兵，他力大无穷，又善于技击。在格斗方面受过名家的指点，有万夫不当之勇，且有超人的胆量。但一直没有显露才华的机会，因此寸功未立——仍不过是一名普通的士卒而已，他日日期盼着打仗，现在机会终于来了。这使这位士兵兴奋不已，辗转难眠。他想着即将发生的厮杀的情景，想到秦军在自己的长戈下一个个倒下，也想到自己在凯旋之后，吴将军亲自为自己庆功……想着想着，他再也按捺不住了。未等正式宣布和秦军开战，这位士兵已只身冲出去潜入秦营，然后三下五除二，杀死了两个秦兵，提着两颗人头兴高采烈地返回自己的大营。吴起得知此事，怒不可遏，立即下令要斩这个士兵。他的部下有的劝阻吴起，最好还是免他一死为好，说：“将军，难得此人如此勇猛，眼下正值用人之际，不知将军为何一定要杀掉他?”吴起站起身来，环

顾了一下四周的将士说："杀他我也很痛心，但他违反了军纪呀！各位都知道无令出征是什么罪行吧。他要是奉令行事，我一定给他摆宴庆功，可现在，不杀他不能正军纪呀！"那名士兵被杀了，各部的士卒们也传开了："可不得了了，有个小子私闯敌营，回来让将军给砍了脑袋！""听说了，咱们也得留神，要是不听命令呀，这吃饭的家伙可就得搬家喽！"一时间，无论新兵老兵都极严格地按命令行事，军威为之大振。

还有一次，吴起在巡视魏秦边界的时候，发现不知在什么时候，秦国悄悄地在边界上修筑了一个小小的瞭望亭。吴起回到府中，心里一直在想着秦国建瞭望亭的事：建这瞭望亭的意图很明显就是想侦察我军的情况，以便随时对我军的攻击做出反应，或选择时机对我军发动进攻。看起来这个观察亭虽不大，但危害却不可低估！一定要拔掉这个钉子！可是为这么个小瞭望亭兴师动众也不值得，而且这大队人马一动，瞭望亭上的人就看到了。如何是好呢？吴起在屋里踱来踱去忽然心生一计，"对！就这么办！"吴起一拍腿自语道。

一天清早，过往的人在北门外发现了一根车辕，还有一张告示，告示上写着："有能徙此南门之外者赐之上田上宅。"就是说谁能把这根车辕搬到南门外就赏他好房好地。大家一看，觉得很有意思，可谁也不敢上前去搬。这时有一个农民说："吴将军最讲信义，既然是他出的告示那一定不会有假，你们不搬，我来搬！"说着就上去搬起车辕向南门走去。那座城不是很大，过了一会儿，那个农民就把车辕搬到了南门。然后，他返回北门来请赏，吴起便命人将预先划出的房产和田地交给了他。大家一看那人真受了赏都有点后悔——怎么自己没去搬呢？白丢了一个发财的好机会。转过天来，大家又发现在东门外有

一石（古代计量单位）红豆，旁边的告示上写着：“能把红豆搬到西门外赏好房好地。”大家一看谁也不愿再失去这个机会了，于是蜂拥而上抢起那石红豆来。吴起看到这个情景就站了出来，对抢夺红豆的人们说：“大家不要急，不要抢嘛，还想受赏的明天去攻打秦国的瞭望亭。谁先登上去，封做上大夫，赏好房好地！”大家一听明天还有机会，赏赐比今天的更为丰厚，也就不抢红豆了，纷纷向吴起表示，明天要立功受赏。

第二天天不亮，这支普通百姓组成的临时突击队就向瞭望亭出发了。瞭望亭上的秦军起初以为是一帮农民下地干活呢，一点准备都没有，等发现不对的时候，已经来不及了，连点烽火的时间都没有了。这些农民个个奋勇，人人争先，不到一顿饭的工夫就把小亭上的秦军消灭干净了。

吴起不仅从军队里提拔良将，而且要求他们要“文武兼备”。吴起把任指挥官的条件归纳为五条：一、要有高度的指挥才能，指挥多少军队都镇定自若；二、有高度的战备观念，时刻有如临大敌的警惕性；三、不顾生死的战斗决心，有勇于自我牺牲的精神；四、打了胜仗仍保持初战时的精神状态，做到胜不骄；五、制定的法令简明而不烦琐。同时还要求指挥官懂得“四机”，即“气机”“地机”“事机”和“力机”。“气机”就是指全军的兵力部署情况、士气高低，指挥官应了如指掌；“地机”是指善于选择有利地形，在狭路险道、高山要塞设防，十人守之，千人难开；“事机”即使用计谋、用间谍去离间敌人，用小股力量骚扰敌人，分散敌人兵力；“力机”则指要加强部队的装备，使战车、战船牢固、轻便，以适应战场上各种情况，让战士熟悉阵法，让战马能熟悉地在阵地上奔跑，以便集中兵力消灭敌人。由此可见，吴起不仅仅要将官们勇猛，更要求他们有超人的智谋和卓越的指挥才能。

吴起对魏国军队的改革除了这一系列措施外，还很重视军队与老百姓的关系。这在当时是极为难得的。在战国时期，各诸侯国相互争战，其目的当然是为了削弱对方而壮大自己。所以他们在打仗时，除了杀伤对方士兵，毁坏对方战车，抢夺马匹，还砍伐对方国土上的树木，收割对方成熟的粮食，烧毁大量住房，宰杀各种家畜，以破坏对方的生产，从而达到削弱对方的目的。这样做，虽然在短时间内起到了一定的作用，但却使对方的老百姓对进攻的军队恨之入骨。这样，即使能在军事上占领这片土地，当地的老百姓也是不会心甘情愿地服从领导的，这无异于自绝其路。吴起清楚地认识到了这一点，他对他的部下作出了非常严格的规定：军队到的地方，谁也不许砍伐当地的树木，拆毁房屋，抢劫老百姓的粮食，宰杀老百姓的家禽家畜，更不可烧毁库房。在吴起征讨西河时，就采用了这种办法。西河本是秦国领地，吴起一举攻占了西河，实际上是侵占了秦国领地。但在吴起驻守西河期间，西河的百姓不但不曾对他的统治进行任何形式的反抗，而且非常尊重他，信任他，乐意受他的领导。这不能不说与吴起的攻心战有着密不可分的联系。

此外，吴起还规定，攻下敌人的城池后，首先占领贵族府第，没收武器和贵族财产，对于愿意投降的官兵要给予接待并妥善安置。这样做，有效地分化瓦解了敌人。可见吴起的辉煌战果并不是仅仅凭硬打硬拼得来的。

吴起采取上述的各种措施，当然是为了达到他自己的目的，按他自己的话讲就是“乞人之死”“竭人之力”。就是说，用各种各样的

手段，激励、诱导尽可能多的人，为巩固魏国的封建政权效劳卖命。在两千多年前的战国时期，吴起有这种思想就已经是相当先进的了。

吴起还认为，兵不在多，“以治为胜”。有一次，魏武侯问他：“军队依靠什么打胜仗?”他回答说：“要靠良好的治理。”武侯又问：“难道不在于人多吗?”他毫不犹豫地回答说：“如果法令不严明，赏罚不严，鸣锣不收兵，擂鼓不冲锋，虽然有百万大军，又有什么用呢?”因此，他建议武侯要奖励有功的士兵，惩罚临阵脱逃者。对死难将士的家属要多加关照，每年要派人去慰问。吴起特别强调军令的重要性，认为这是治理好军队的首要前提。不然的话，军队平时无法训练，战时怎么会打胜仗？只有守信用，讲政策，明法令，才能做到令行禁止。《尉缭子·制谈第三》中赞许说，如果让吴起率领七万人的军队，那么，他就可以征服天下了。

在指挥作战时，吴起继承孙武知彼知己的军事思想，认为用兵必须了解敌人的虚实，专攻其弱点。他反对主观臆断，重视调查研究，主张从政治、经济、民心等方面认真分析敌方的国情，从气候、地理、将帅、士兵、物资、军纪及有无援兵等方面仔细分析敌方的军情，根据不同情况，决定不同的作战方针和方法。他认为战前要切实弄清敌人的兵力部署，选择其要害部位和薄弱环节，狠狠地打击它，务求每战都有必胜的把握。

同时，他认为一个高明的将领，还必须了解敌人的军事指挥者。要通过各种手段，侦察、了解、查明敌军将领的军事才能，优点与缺点，长处与短处，个人爱好，个性特征，以便找出克敌制胜的方法。在《吴子·论将》中举例说：“敌军的将领愚蠢而轻信，可进行诈降诱骗；敌军将领贪图钱财不重视名声，可拿东西进行贿赂；敌军将领遇

事随意多变缺乏深谋远虑，可以使敌军疲于奔跑使其最后困乏无力；敌军将领富有而骄横，下层士卒怀有怨言，可以离间他们；进退犹豫不定，使广大士兵无所依从，可以进行恐吓使敌军逃跑。士兵看不起自己的将领而有投降之心，可以派人邀其过来，然后再攻取。前进的道路好走，退却的道路难走，可诱其前来再战。前进的道路艰险，退却的道路容易走，可轻装前进迅速打击敌人。敌军扎营低地潮湿处，积水难以流出，又连天阴雨，可用水淹敌军。敌军扎营荒凉而草木茂盛的地方，天有大风，可用火烧敌军；敌军长期在一地扎营，将士缺乏应有的准备，军心懈怠，可乘其不备进行偷袭。”没有丰富的实战经验，是无法得出如此详尽而又具体的军事指导原则的。吴起还谈道，如果战前对敌方将帅不了解，临时还可用“火力侦察”的办法进行观察。具体做法是命令一员勇敢的裨将率轻兵锐率试攻敌阵，只许败，不许胜，从中观察敌军的行动。如果指挥有条不紊，追击时又假装追不上，对地上丢失的武器、财物假装看不见，这样的情况说明敌军的将领是智慧之将，不要轻易与之交战；如果敌军进攻时一片喧哗，军旗纷繁杂乱，士卒散乱，争抢财物，盲目冲击，军容不整齐，指挥这种军队的肯定是愚蠢的将领，即使其手下兵马再多也不堪一击。他认为大凡人们谈论将帅，常常只看他们是否勇敢。确实，勇敢很重要。但勇敢对于一个将帅所需的各种素质来说，只是其中之一罢了。一味倚仗勇敢的将帅，必然会轻率地与敌交战，轻率地与敌交战却不懂得用兵的利害关系。这是不行的。做将帅的基本礼法是，接受国君出战的命令而不推辞，克敌获胜之后才考虑撤军。所以将师率兵出征，必须抱定宁愿战死沙场以获得荣耀，也不苟且偷生招致耻辱的信念。

在《吴子·料敌》中，吴起阐述了分析判断敌情的重要性和具体方

法。他认为魏国处在六国包围之中，必须坚持“安国之道，先戒为宝”的总方针，时刻提高警惕，以保障国家的安全。

吴起作为中国历史上一个伟大的政治家和军事家，得到历代的承认和高度评价。但对流传至今的《吴子》六篇的真伪，学术界至今仍有异议。《吴子》也称《吴起兵法》，据《史记》记载，此书成书之时就已十分流行。比较一致的看法认为该书是吴起镇守西河期间，充分利用战斗间隙和工作余暇，总结长期实践经验和在研究《孙子兵法》《太公兵法》《司马穰苴兵法》等军事著作的基础上写成的。据史书记载，原著有四十八篇，后来失传了。现存的《图国》《料敌》《治兵》《论将》《应变》《励士》等六篇是后人整理的。

清代以前，有人对《吴子》一书的成书年代持有不同看法，但对《吴子》一书是否为吴起所作没有人提出过异议。只是到了清代，著名学者姚鼐、姚际恒以及近代大学问家章太炎、梁启超、郭沫若等人，经过考证，明确提出《吴子》是后人的伪作。史书记载的吴起的原作已经亡佚，但流传到今天的这部《吴子》，其基本内容和吴起的军事思想是一致的。首先大家都承认吴起确实写过一部兵书；其次，现在我们看到的这部《吴子》，是与《史记》等主要的史书记载相吻合的；再次，现在我们看到的这部《吴子》，它所阐述的军事思想是和我国战国时代列国的主要形势相一致的。从《吴子》一书，我们可以看出吴起对军事问题的一些精湛见解。

由于时代的局限，吴起的军事思想不可避免地存在一些糟粕和消极成分。他只把战争的发生仅仅归结为争名、争利、饥饿等引起；过分夸大将帅个人的作用，认为只要拥有一个好的将帅，国家就能强盛，失去优秀的将帅，国家就会灭亡等。尽管这样，吴起的军事思想在许

多地方仍然闪烁着朴素唯物论和辩证法的光辉。他对政治与军事关系的探索，对战略战术原则的研究，对将帅素养、士卒训练以及临战应敌和克敌制胜的许多因素与条件的分析，都反映了其深厚的军事素养和超群出众的智慧，反映了中华民族在战国时代，军事学思想就已达到了较高的水平。他总结的许多战争规律和战术原则至今仍有十分重要的借鉴价值，他为中华民族的军事事业做出了卓越的贡献。

吴起在治理西河期间，取得了一系列对外战争的胜利，巩固了魏国的西部边陲。在《吴子·图国》中记载说，吴起守西河期间，由他指挥的较大规模的战争有 76 次，其中有 64 次取得了辉煌的胜利，其余也都和解。这些说法是否符合历史实际，已难考定，但吴起在西河任上遏止了秦兵的入侵和东进，则是历史事实。

吴起在西河任上，还注重改革风俗，加强教化，改变社会风气，使人们的思想观念、生活方式等各方面同他在西河进行的政治、军事改革相适应。

由于吴起等人在魏国锐意改革，编练常备军，使西河地区在长达数十年中保持了稳定和繁荣，使觊觎这一地区的秦、韩两国尽管发动了多次进攻，最终也没有得逞，从而使魏国在一段时间维持了战国七雄中的首强地位。这一时期的魏国，李悝主内，吴起主外，李悝主政，吴起治兵，而魏文侯又是一位知人善任的明君，因而创造了魏国历史上的黄金时代。

可惜，天有不测风云，人有旦夕祸福，就在魏文侯执政五十年的时候，他死了。

公元前 396 年，正是吴起任西河守的第十个年头，魏国的政治、经济正在封建化的轨道上蒸蒸日上。西河也在吴起的主持下，经济繁

荣，政治稳定，军力强盛，库藏充盈，人民安居乐业。魏国也因李悝的变法，吴起的治军，享誉列国之间。特别是魏武卒的名声，使人闻之变色。

十年的磨炼，吴起的青丝里夹杂了些许白发，饱经风霜的脸上有了皱纹。吴起看着自己亲手治理的西河，望着百姓脸上那满意的笑容，万民归望、官兵同心，各种人才充盈帐下，好一派盛世景象。

回想当年文侯任自己为西河守时，在宗庙设宴，国君夫人敬酒的宏大场面，吴起不禁心潮澎湃，思绪万千。

翟璜啊，我没有辜负你的推荐；李悝啊，你我一文一武配合得是多么默契；文侯啊，我没有辜负您的厚望吧。他遥望魏都，默默地祈祷：翟璜啊，没有你的推荐，我哪能被文侯任命为将军？文侯啊，没有您的知人善任，信而不疑，任人之专以及您的全力支持，我怎么能取得今天的成就啊！

想想自己年少鲁莽，一气之下杀死三十多个仇人。东门一别，竟成了和母亲的永诀，连母亲去世也未能回家奔丧，我愧对母亲啊！向母亲许下的“不做卿相大的官，我决不回来见您”的诺言，快实现了，却遗憾地不能面告她老人家了。他心里向母亲默默地祈祷：母亲啊，您在九泉之下安息吧，儿终究不会辜负您的期望的。想自己为拜将出征，贪图功名，竟亲手杀死了可爱的娇妻，一失足成千古恨。妻子的鲜血不但没有换来昏君佞臣的信任，反倒给他们留下了排斥自己的口舌。人事沧桑，眨眼之间，已到中年。这些年来他戮力改革，废寝忘食，顾不得回首往事。现在他多么想回到家乡，看一眼母亲的长眠之地，在母亲坟上添一锹土，烧几张纸。如果母亲活着，看到儿子有今天，该会是多么欣慰啊！

他徒步走在乡间的小路上，看着当年因战争而造成的荒芜之地，如今牛羊成群，田地整齐，稼禾茁壮。军营里，将官在率领士卒排兵布阵，喊声阵阵。他欣慰地笑了。

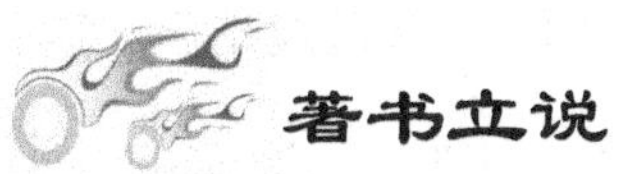

著书立说

经过长期的努力，吴起把西河郡治理得有条不紊，人民安居乐业，边境太平。他自己的生活也渐渐地安定了下来，不用再一天到晚率领着将士们在剑丛箭雨中冲锋了。此时的吴起可以说是官高爵显，算是实现了当年离开故乡卫国时对老母亲许下的誓言。照理说也该好好地休息休息，享受一下太平盛世的快乐了。可吴起偏偏是个闲不住的人，在对西河的改革取得成功之后，他马上又开始了一项新的工作——自己著书立说。原来，吴起一直想将自己长年的战斗经验写成一本兵书，以供后人参考，可是连年不断的征战和繁重的公务使他一直未能如愿。现在有空了，吴起便着手写作了。吴起写的这本兵书就是后来闻名于海内外的《吴子》。

吴起在书上，对战争的起源，从社会的角度进行了分析。这是世

界上对战争起源的最早分析。他认为：引起战争的原因主要有五点：一是为了争名，二是为了夺利，三是因为有长期的仇怨，四是因为发生内乱，五是因为遭受了饥荒。当然，这种分析，今天看来是不很科学的，但在当时却是“世界先进水平”。吴起还将战争分为五种：为了禁除暴虐、挽救危亡发动战争的，称之为义兵；自恃兵多将广、国力强盛而恃强凌弱、侵犯别国的，称之为强兵；因为一时的愤怨，而一怒之下发动战争的，称之为刚兵；背弃礼义，为贪图私利而发动战争的，称之为暴兵；在国内民众疲惫不堪、厌战情绪极强的情况下发动战争的，称之为逆兵。同时，吴起还指出，这五种战争取胜的方法是：对义兵必须用礼制服它，对强兵则要谦让，对刚兵用言辞感化，而对付暴兵就需要诡诈，对付逆兵则需使用权变。通过这些，我们不难看出，吴起在对战争的论述中，有着朴素唯物论的思想。

吴起经过了许多场战争，他亲眼见了战火给民众带来的痛苦，所以他认为发动战争要非常慎重。正如《孙子兵法》开篇头一句话说的那样：“兵者，国之大事也，死生之地，存亡之道，不可以不察。”吴起认为国内的意志不统一，不能出兵；军队的内部不够团结就不能够上阵；临阵时行动不够协调统一，就不能够作战；而战斗时战斗动作不协调，就不能够取胜。因此，贤明的君主要管理好他的民众，在各方面搞好团结，才能发动战争。这一理论，今天想来也的确有一些道理。同时吴起还指出了穷兵黩武的危害性。他在《吴子》中是这么说的：“天下战国，五胜者祸，四胜者弊，三胜者霸，二胜者王，一胜者帝。”就是说一味地使用武力，只会招至国家的灭亡。

吴起的战略思想在当时是非常先进的，而他的战术思想更是为古今军事家所称道，有些至今还为军事界所遵循。

吴起在《吴子》中提出了向敌军发动进攻的四个条件：一是，当敌军在狂风严寒的天气长途行军，昼夜兼程，还需砍木造筏过河的时候；二是，当敌军在盛夏炎热的天气，休息与行动没有节制的时候；三是，当敌军是被驱使长途行军，硬要其走很远的路程的时候；四是，当敌军长期留驻在外，粮食已经吃完，百姓怨恨，怪异不断发生，将领又制止不了的时候。在这种情况下，就可以立即向敌军发动进攻，不必迟疑。相反的，在敌国土地广大，人口众多且国富民强；国君和国家的官吏爱护民众和士卒，普遍地施加恩惠等情况下，要避免与敌军作战。这些理论都是吴起多年征战的经验之谈，有些现在还有着它的使用价值。

另外，吴起对战争的其他条件也做了一些论述，像关于战马的饲养、马病的治疗、战车的维护等。而最有价值的是对战争中地形地势的分析和天气对战争影响的分析。《吴子》中是这样讲的：两座大山间的谷口叫作“天灶”，是危险的地方，不能在这里扎营；而高山的山顶称为“龙头”，也是死地，军队不能驻守在那里。而临战时要观测风的方向，顺风进攻，逆风则坚守阵地……

除此之外，在《吴子》中，还讲了如何搞军事技术的普及，和对军队的管理。在军队管理方面，充分体现了吴起的“法治”思想。吴起讲对士卒要采取重赏重罚——前进杀敌立功，受重赏，不遵守命令、临阵退却，就要重罚。此外对士兵还要讲信义，这样才能取胜。这些很显然是法家的理论。

正是因为《吴子》对战争做了系统的分析，使得历代的军事家和统治阶级对其倍加重视。宋朝时把《孙子兵法》和《吴子》等七部军事理论著作合在一起称为《武经七书》，成为官方的军事教科书，作为

将领们的行动指南。

当然，由于历史的局限性，《吴子》中的理论并不是无懈可击，有一部分理论不够科学，也有一些是带有一定的迷信色彩。但是，《吴子》对后来的军事家的积极影响及它的现实意义还是应该给予充分肯定的。

在编写《吴子》的同时，吴起还重新对《左氏春秋》进行了研究。《左氏春秋》一书是左丘明草创的。但左丘明是个盲人，他没有能够全部完成。左丘明将草创的《左氏春秋》传授给了曾申。吴起当年在鲁国跟随曾申学习儒学时就学习了《左氏春秋》。吴起虽然不完全同意儒家学说，但却很喜欢读《左氏春秋》。这是因为《左氏春秋》中记载了不少的战例和大量历史事件，吴起从中悟出了许多治军、治国的道理。吴起在自己研究之余，又开始向自己的儿子吴期和几个好学的部下传授《左氏春秋》。部下在学习中觉得《左氏春秋》还需要补充和整理，便建议吴起来完成此书。于是吴起便在部下的帮助下，对《左氏春秋》进行了整理和补充，使它的内容更为充实，并完成了此书的编撰，为后人又留下了一笔丰厚的文化遗产。

正当吴起总结过去，展望未来，为魏国的千秋大业进行新的规划、设计时，不幸的消息传来了。快马来报，魏文侯病重，请他立刻回朝。吴起没有怠慢，他迅速将西河郡军政事务向手下作了安排，然后带着必要的随从和送信的使臣越过黄河，快马向东疾驰。

当他风尘仆仆地赶到魏文侯的病床前，文侯已气息奄奄。国君夫人和李悝等重要文武大臣，都守候在文侯的床前。文侯见吴起进来，脸上浮现出一丝笑容，他想挣扎着坐起来，然而身体支撑不住。李悝和吴起等人劝他躺下。他轻轻地拉着李悝和吴起的手，断断续续地说：

“由于你们大家的全力辅佐，魏国有了今天这样的霸业。我本想励精图治，再创辉煌，统一中原，现在看来不行了。”停了一会儿，他接着说：“我死后，太子年幼，你们几个老臣要好好辅佐幼主，将魏国刚刚起步的各项改革推向深化，我知道你们不会辜负我的期望。”说罢，文侯轻轻地闭上眼睛，放心地去了。国君夫人、幼主、文武大臣等禁不住号啕大哭。吴起尤其悲痛万分。明主去世，幼主还能像文侯那样重用自己吗？

正当吴起帮着继位的魏武侯料理丧事的时候，探马来报，秦军乘魏文侯去世，又向西河地区发动进攻。吴起只好辞别武侯，快马返回西河。在吴起率领下，魏武卒勇猛善战，很快击溃了秦军的进攻。魏国的西河地区仍然安如磐石。吴起一如既往地在西河地区深化李悝倡导的变法改革。

然而，就在魏文侯去世的第二年，即公元前395年，一代贤相、首创变法改革的大师李悝也去世了。得此噩耗，吴起悲痛欲绝。他和李悝同朝为臣，彼此相知，配合默契。现在李悝也去了，今后，魏国的变法改革如何向前推进？他仰天长叹：明主逝，知音亡，今后我吴起该怎么办？

他环顾朝野，无论功劳、能力、威望、智慧，整个魏国没有人能比得上自己，魏国的局面也只有靠自己去艰难地支撑。吴起遵着文侯的遗嘱，当仁不让地肩负起辅佐武侯、全面主持国政的历史使命。此时的吴起正处在人生的黄金时刻。这年他四十五岁左右，年富力强，智谋深邃，名闻诸侯，功勋卓著。他觉得自己在各方面都已达到成熟的阶段。

他相信自己。相信自己能够像周公那样辅佐幼主，成为一代贤相，

名垂青史。他相信武侯会在他的辅佐下成为一代明君，并完成帝业。对年轻的武侯，吴起竭尽全力去教导他，希望他能像其父亲一样，将文侯已开创的基业发扬光大。

武侯继位之初，深信父亲的才智，他知道只有延续父亲的既定政策和人事安排，才能维持魏国的发展。他了解吴起，知道吴起的战功卓著，特别是吴起在西河的政绩，造成了他人无可匹比的威望。吴起本身就是西河的稳定因素。而且朝中之事也要靠吴起的参谋、筹划。因此，他在继位之初，对吴起是相当尊重和信任的。

武侯在继位后不久，就派人将吴起召回都城议事。吴起奉召急忙赶回了都城，来到宫中，见到武侯便施礼问道："不知主公召为臣回来，有什么调遣？"武侯答道："并没有什么调遣，只是我刚刚继位，对国家如何管理心里没底，召你回来就是想问一问这改元的意义。"吴起点了点头，心里为新君能这么谦虚而感到由衷的高兴。吴起忙答道："说到这个问题，一般来说新君刚刚继位，凡事要慎重。"武侯追问道："慎重又怎么样呢？"吴起接着说道："行为、举止要端正。"武侯又问："那端正了又如何呢？"吴起说："再就要明智了，如果不明智的话，又怎么能使行为、举止端正呢？要经常听取各方面的意见，然后对这些意见进行选择分析，这样就能达到明智的目的。"武侯听了这一番话，心想：我真没有看错人！吴起当真有治国安邦的本领。吴起见武侯不说话，便问道："主公还有什么问题吗？"武侯一听忙说道："你刚才说到要经常听取各方面的意见，我总在这宫廷里，怎么听取呢？"吴起想了想说道："这个倒是不难，臣听说古代贤明的君主在刚继位时总是要让大夫们时常有机会同自己交谈，士人也能够见到自己，即使是最普通的民众的意见也有途径传递上来。主公何不效仿呢？"武

侯频频点头说："对！对！"吴起见武侯听得津津有味，就又接着说了下去："还有，如果主公家族里的人对主公提出了什么询问，主公一定要给予答复。对从四周邻国来归附主公的人，主公不要拒绝。主公做到了这些，言路自然大开。"武侯聚精会神地听着，见吴起不说了，便说道："广开言路就能治理好国家吗?"吴起解释道："广开言路还只是一部分。另外对应该享受俸禄的臣子都要给予俸禄；不能乱用刑罚；心中要常存仁爱的念头；办事要先考虑民众的利益；要做到为民除害。这样，民众就一定会拥戴主公的。"武侯又问："我还有什么要注意的吗?"吴起思索了一会儿，说："还有一个方面，也很重要，那就是首先主公必须以身作则。对于接近您的臣子，要有所选择。大夫们就不要再让他们兼别的官了。这些主公如果都能做好，那一定会将国家治理得井井有条的！"吴起说到这里好像忽然想到了什么，非常严肃地对武侯说："主公还有一点要特别注意：千万别让大权集中到一家贵族的手里，那样对国家和主公都是非常危险的！"武侯听完说："今天可真要谢谢你了，如何治理国家，我心里总算有了底了！"经过这件事后，吴起在武侯心目中的地位有了进一步的提高，这使武侯对吴起的意见和批评也能接受下来。

一次，吴起回都城进见武侯，正好遇上武侯召集群臣议事。武侯向大臣们说了一件事，然后要大臣们讲一讲解决的办法。于是大家就议论开了，这个说这么办好，那个说那么办更好，争来争去，也没能争出个妥善的解决办法。这时，武侯站起来说道："好了，好了，先静一静，我说说我的意见，大家听听怎么样?"于是武侯就把自己的办法讲了出来，大臣们一听，还真不错，就纷纷地表示赞同："还是主公这个办法好！""这样实在是十全十美之策！"……更有几个钻营小

人对武侯大进溢美之词，说什么“果然是主公英明之极，哪是我们这些做臣子的比得了的呢!”“主公真是神目如电，明察秋毫，我等自愧不如!”……武侯被捧得飘飘忽忽，脸上自然而然地露出了得意扬扬的神情。这一切都被吴起看在了眼里。

退朝了，大臣们三三两两地退出了朝堂。武侯也正准备离去，却忽然发现吴起还没有要走的意思，就问吴起：“你有什么事吗?”吴起一见武侯问自己，就回答道：“主公，我很少有机会回都城，这次回来想和主公好好聊聊天，不知主公愿意吗?”武侯本来就很喜欢和吴起聊天，因为在聊天中能了解到不少的治国之道。听吴起这一说欣然同意。这么着，君臣两个就在朝堂里聊了起来。聊着聊着，吴起问武侯：“主公，不知你听过楚庄王的故事吗?”武侯说：“哦?倒是没怎么听说过，楚庄王有什么故事吗?你讲讲!”吴起点点头说：“既然主公爱听，我就讲一个：楚庄王有一次和大臣们一起在朝堂上议事。楚庄王要大臣们讲讲一件事的处理办法，大臣们呢，有的在那里苦思苦想，有的倒是想出了办法，可那办法根本就不行。想来想去也没能想出个好办法来。楚庄王看大家实在想不出什么办法了，就把自己想的办法说了出来。大臣们一听，果然非常高明，纷纷说楚庄王的办法好。”武侯这时插进来说：“那是自然，要连这点本领都没有，还能当国君吗?”说着脸上又浮起了得意之色。吴起看了看武侯，微微一笑，说道：“主公听我讲完。”武侯忙说：“对，后来怎么了?”吴起就又接着讲了下去：“楚庄王听这些大臣都说自己的主意好，脸上显出了忧虑的表情。”武侯又插进来说：“这有什么可忧虑的?”吴起看着武侯说：“主公刚才问得好，后来楚国的大夫申公巫臣在退朝的时候也这么问了楚庄王。”武侯一听，急着问道：“那楚庄王是怎么回答的呢?”

“楚庄王回答说：‘你不知道啊！当年商汤的贤臣仲虺曾经说过：如果自己出的主意，别的臣子都比不上，这样国家就会灭亡。况且我自己非常清楚我自己的才智并不高，可今天在朝堂议事的时候，大家的办法竟然都不如我的办法好，这么看起来楚国离灭亡不远了呀！这怎么能让我不忧虑呢?’”吴起说到这里停了一下，看了看武侯，见武侯似有所悟，便又说下去：“主公啊，古语说：诸侯得到了好的老师就能够称王，得到了好的朋友也能称霸，得到对自己的政策有怀疑的人可以确保生存，而自高自大就只能灭亡。当年楚庄王能为群臣的意见不如自己而感到忧虑，而主公你在大家的意见不如你的情况下，竟然面露得意之色，要是不能及时改正这一点，只怕魏国亡国的日子就不远了呀!”武侯一听，猛然起身来到吴起面前，向吴起拜了两拜说道：“你说得太对了，你简直就是上天派来补救我过错的人啊!”自此，武侯总是能很好地听取别人的意见，再也不自高自大了。

过了一些时候，武侯带着一些大臣去魏国的边境巡视。他最先到了吴起镇守的西河，他想见见西河郡这片土地，在吴起的治理下是什么样子。

吴起很隆重地接待了武侯一行人，先带着他们看了边防工事，又领着他们观察了西河的民情，还组织“武卒”为武侯作了非常精彩的军事表演。武侯看后非常满意，随后又提出想乘船在黄河上游览一番，吴起便命人备下了一条大船，随武侯一同登船游览黄河。

武侯站在船头上，迎着吹来的阵阵凉风，看着波涛汹涌的黄河和黄河两岸起伏的险山，不禁热血沸腾，大声地感叹道：“我们魏国有这样险峻的山峦，这样汹涌的黄河，还怕什么西边的强秦。国家真是稳固了呀!”这时，武侯身边有一个大臣，此人名叫王错，极善钻营投

机，专会溜须拍马，凭着这套本领，他混到了武侯的身边，成了武侯的一名近臣。他一见武侯发此感慨，立即应和道："对呀，主公，这正是咱们魏国强大的原因呀！这些险山恶水，是咱们魏国的天然屏障呀！主公只要把这些山河好好地加以治理，魏国的王霸之业就指日可待了……"吴起平素就极为厌恶王错这种只会一味阿谀逢迎的卑鄙小人，现在又听他在武侯面前胡说八道，就再也忍不住了。他怒气冲冲地站了起来，冲着王错大声地喝道："住口！"这一声大喝，武侯和大臣们都惊呆了。他们看着吴起，只见吴起几步走到了王错面前，指着王错说道："主公刚才讲的话，那是亡国之道呀！你不但不劝谏主公，反而随声附和，你不是存心要魏国灭亡吗？"王错一时哑口无言。武侯见吴起在这么多人面前说自己刚才说的话是亡国之道，禁不住大发雷霆，冲着吴起喊道："吴起，你说我刚才说的话是亡国之道，有什么根据？"王错也随声附和，跟着嚷道："对，有什么根据？"吴起见武侯发了火，就来到武侯的面前，对武侯施礼道："主公先请息怒，听我慢慢讲来。"武侯也觉着刚才的举止有些失态，就对吴起说："你讲吧。"吴起中肯地说道："主公，这山河之险是成就不了王霸之业的呀！从前的三苗（古族名，在今湖南长沙、岳阳、湖北武昌、江西九江一带）所居住的地方右边是一望无际的鄱阳湖，左边是漫漫无边的洞庭湖，南有险峻的文山，北有伟岸的衡山，这地势可要比咱魏国的险要多了。三苗的首领们总觉得有这些屏障，就不怕了，政治上非常腐败，搞得民众怨声四起，最后险要的地势并没有能够保住他们的国家。他们被大禹流放了，国家也灭亡了！"听了这一席话，一些大臣点头称是。王错一见，又大声地嚷了起来："这不过是偶然发生的，而且不足以说明什么问题！"吴起不屑地看了他一眼，转向众大臣说：

“王错说这是偶然发生的，那好，我就再讲出几个来，请主公和各位同僚听听，这到底是不是偶然。大家一定知道夏朝的最后一个君主夏桀，他的领地四周山水更为险恶——左边是高耸入云的天门山北麓，右面靠着足以使人望而却步的天溪山南麓，北面有庐睾，南面则有洛水和伊水两条大河，这地势各位说说如何？”众大臣在一边窃窃私语道：“还真是够险要的。”“易守难攻啊。”“简直如铁桶一般。”吴起看了看正在议论的大臣，说道：“这夏桀的下场，各位一定也都知道了——他最后被商汤兴兵讨伐，把国灭了。这不是山河不险，而是他的政治太腐败了。搞得民众生活不下去了，这样的君主怎么能不亡国呢？还有那个各位都熟知的大昏君商纣王，他的山河又何尝不险。左边有孟门，右边是漳釜，前有大河为带，后有大山为屏，政治也是非常的腐败，结果呢？还不是让周武王兴兵讨伐，自己在鹿台自焚而死，国家也亡了。”吴起停顿了一下，对武侯说：“主公，您总还记得前些时候，我陪您去的那些投降咱们魏国的城池吧！”武侯这时火气已渐渐消了，忽见吴起问自己就点头说：“我倒是还记得，怎么了？”“主公看那些城池是不是城墙太短太薄？“不是。”“那是不是城中人口稀少？”“也不是。”“主公啊，这些城池城墙不是不高，人口不是不多，而我们却战胜了它，这是因为什么呢？正是因为它们在政治上腐败！由此看来，仅仅凭着险山恶水、天然屏障，是完成不了霸业的呀！”武侯越听越觉着有理，等吴起把话说完了，便激动地对吴起说道：“我今天算是听到圣人的话了！”这时，那个王错灰溜溜地躲到一边去了。

武侯在吴起几次进谏之后，按照吴起的意见，深化了文侯时期的变法改革，进一步削弱了旧贵族的势力，使魏国的改革得到了发展。而吴起呢？他在西河坚定不移地继续进行改革，安抚农民，训练“武

卒”。吴起深入到民间，体察民情，暗访官吏，回府后按百姓反映的情况，好的予以重赏，而那些胆敢鱼肉百姓的则一律严惩不贷。吴起还带领西河的百姓大量开垦荒地，使西河生产得到了很大的发展。随着西河改革的发展完善，原来四战之地的西河，在军事上有神勇无敌的“武卒”，使强秦不敢东进一步，在经济上有万顷良田，生产各种作物，手工业也日渐繁荣。西河成了一块富饶而安宁的土地。吴起可以说在西河为魏国的新兴地主阶级的政权立下了汗马功劳。

吴起是忠诚的，对事业也是尽心的。他通过三苗氏、夏商灭国的道理，对武侯进行谆谆教诲，时刻提醒武侯，让武侯吸取历史教训。自魏文侯去世，武侯在继位之后的很长时间里是把吴起视为先帝老臣、自己的师傅和谋臣的，因而对吴起表示了相当的尊重和宽容，吴起表面上的地位没有什么大的变化。但是对他不利的因素在慢慢滋长。因为，武侯缺乏文侯的雄才大略、豁达大度和信人不疑的品质，他对吴起教导自己像训教小孩子一样的做法，心里是不满的。虽然在继位之初也保持了极大的忍耐，可他的忍耐是有限度的。而吴起只知竭尽其忠，报答文侯的知遇之恩，同时他期望在武侯手下恪尽职守，以图建立新的功业；却不懂得正确地处理君臣关系，对此缺乏应有的克制、机敏和明智。吴起对自己在魏国中的地位、才能、威望做了过高的估价。确实，在李悝死后，他在魏国的文治武功是无人比得上的，但吴起对作为一个客卿，始终缺乏足够的自知之明。李悝在魏国的变法虽然开了战国时代各国变法的风气之先，但由于改革刚刚起步，各方面都还处在摸索、试验阶段，其力度、深度以及实际效果，与后来的商鞅变法相比远远不及。奴隶制的残余大量保存下来，旧贵族在朝野还有着盘根错节的强大势力，吴起对这些也缺乏清醒的认识。尽管他从

卫国到鲁国，又从鲁国到魏国，一直在同旧的贵族进行战斗，但是，与他并肩作战的同路人却寥若晨星。

与此同时，吴起也得罪了一大批旧贵族，这些人对吴起已恨之入骨。他们趁吴起埋头治理西河之时，开始拉帮结伙对吴起发动了进攻。一场在魏武侯朝廷中潜藏的斗争，渐渐拉开了序幕。

不久，魏国的相位空缺，吴起打算争得相位，以进一步实施在魏国全境的改革计划。实际上，凭吴起高超的战略眼光、丰富的战争经验和政治经验、卓越的军事才能和对魏国立下的丰功伟绩，相位是非吴起莫属的了。可是——吴起这位常胜将军却在这次争夺相位的斗争中失败了！

吴起得知相位空缺的消息后，就回到都城准备向武侯自荐为相。

吴起拜见了武侯，对武侯说："臣听说相位空缺，臣不才，愿担此重任。"武侯有些为难似的说道："照说，凭你的才干、功绩，当相是完全应该的，可有一个人在你之前已向我自荐为相了。此人也是朝廷的重臣，功劳也不小，这就叫我为难了。"吴起问道："那人是谁?"武侯回答："噢！是田文呀！"

吴起听到田文的名字，心中不觉一惊。这个田文势力很大，朝中许多官员都是他的党羽，在贵族中他也是极有威望的人物。吴起经过认真思考，决定在武侯面前与田文比比功，请武侯比较一下二人的功劳大小，再决定谁为相。二人比功论战，在武侯的主持下开始了。吴起首先向田文发问："难道说辅佐君主果真由天命决定吗?"田文听了疑惑地问："你这话是什么意思?"吴起没有正面回答他的问话，自己接着说下去："相这个位置是非常重要的。它不仅是百官之首，更是主公的左膀右臂，只有有真才实学的人才能担任这个职务，不然于国

于民都是不利的，所以我请田文大夫来比一比谁对魏国的功劳大——谁的功劳大，谁就可以当相了。”田文一看如此，也不示弱说：“既然吴将军一定要在这里比功，那我只好奉陪到底了。吴将军首先提出比功，那请吴将军先摆一摆功吧！”

吴起：“统帅三军，使士卒乐于拼死作战，令敌国不敢侵犯，我和你谁的功劳大？”

田文：“我不如你。”

吴起：“治百官，亲万民，实府库，你和我谁的贡献大？”

田文：“我不如你。”

吴起：“防守西河，使秦军不敢向东扩张，韩国、赵国宾从魏国，你和我谁的功劳大？”

田文：“我不如你。”

吴起：“好。这三点都是关系国家兴衰的大事，你样样都在我之下，可是你的职位却在我之上，这是什么原因呢？”

田文：“君主去世了，新君年少，大臣们尚未依附，百姓也还没有信任他。在这种时候，相位应该属于你还是属于我更好些呢？”

吴起左右衡量，反复思考，才坦白地说：“相位应当属于你。”

田文：“这就是我的职位在你之上的原因。”

“树欲静，风不止。”魏国的旧贵族虽然争到了相位，但他们并不就此罢休。以王错为首的旧贵族们趁吴起在政治上遭受打击这一“大好时机”，在武侯面前大肆诽谤吴起，非把吴起置之死地不可。

为了表示对新主的忠诚，吴起统率魏军五万，兵车三千乘，骑兵三千进击秦国。在发动进攻的前夕，他动员全军说：“三军将士必须坚决服从指挥，明日如果车战者不能缴获敌人的兵车，骑战者不能俘

虏敌人的骑兵，步战者不能俘获敌人的步兵，即使打败了敌人也不算有功。”

第二天作战时，进攻的鼓声一响，魏军人人奋勇争先，杀得秦军丢盔弃甲而逃。吴起乘势追赶，斩敌首级无数，终于以五万魏军打败了五十万秦军，立下了赫赫战功。

西河之战使秦国守军心有余悸。吴起坐镇西河，魏国的西河边防非常巩固，非常平静。甚至洛河两岸的秦魏军民可以互相听到对方的鼓声号音，鸡鸣犬吠，只不过没有商贾往来、舟楫互渡罢了。

吴起住在西河守的官邸之中，每天处理完军政要事便读书写作。除了续写《左氏春秋》之外，也零零星星地写他的兵法著作。一篇又一篇，日积月累竟有三十余篇了。

吴起难耐思念儿子的痛苦，便修书一封，派人潜入曲阜成峪送给了秋娘。一个月后，派去的送信人把儿子带回来了。问起秋娘，送信人说她仍在成峪乡间，陪伴老母，说着便拿出一封信交给吴起，吴起顾不得招呼儿子，急急打开书信。

“吴将军阁下：

惠书收到，不胜感念。与恩公一别十五载矣，能无悲乎。将军离鲁之时，期儿尚在牙牙学语，转眼之间，已成少年。期儿乳母于五年前去世，怜此孤子，秋娘将他接到家中。秋娘虽居乡野，自耕自织尚可温饱，期儿未临饥寒之迫。村野无塾，难遣期儿受庠序之教，然童蒙之训，识字学书，秋娘尚能为期儿之启蒙师。期儿自幼聪颖，少有大志。十岁即读经史，过目成诵。见此子有鸿鹄之志，余心甚慰。期儿甚孝，年年忌日，必至乳母坟前祭奠，十年不辍，期儿已将乳娘视为生母矣。素姊之事，未与儿言。知将军在魏仍理军旅之事，西河一

役拔秦五城，秋娘喜不自胜。然对镜理妆，两鬓已见秋霜，复怆然涕下。见惠书知将军思子之情，乃将期儿交捎书人带回。父子相见，叙天伦之乐，秋娘在千里之外亦觉欣慰。期儿性情刚烈而执拗，将军乃知人善任之雄才，当知如何教子，秋娘不赘言矣。谨祈秋安！

成峪村女秋娘叩。"

吴起读罢来信不禁凄然，啊，秋娘，吴起有负于你呀……

十六岁的少年吴期见父亲对他并不亲热，衣食寒暖一字未提便呆呆地读信，心中甚感不快，便独自立于案前低头不语。

捎书人对吴期说："期儿，这就是你的父亲，还不赶快行礼。"

期儿似乎有些勉强地鞠了一躬："父亲。"

"期儿！"吴起此时才如梦方醒，上前抱住儿子，"期儿，你让我想得好苦呀！这一路走得累不累，冷不冷，吃饭了没有？"

期儿木然回答："不累，不冷，不饿。"

吴起看到儿子冷漠的神情，不知是出于愠怒还是怜嗣，他暗暗叫苦：生而未养是我的过错，然而彼时彼地，父自身难保，如何顾及儿子呵！

儿子是执拗的，也是倔强的。他不相信乳母生的儿子就会一生鄙贱，特别是听到秋娘姑姑说他的父亲在鲁国当过将军，汶阳一战打得十万齐国军队弃甲曳兵而逃。吴期为有这样的父亲而自豪，他发奋读书，博览群籍，长大也做个父亲那样有作为的人。可是有一桩心事使他百思不解，父亲既然在鲁国当了将军，而且有赫赫战功，为什么母亲不是将军夫人，而是乡下的一个贫寒的村妇？父亲到了魏国仍然是将军，而且与秦国作战连拔五城，他有功于魏，被文侯封为西河守。他为何不把母亲接到那里享几天福？父亲对我的母亲是有情还是无情？

他不能理解父亲的为人，他可怜自己那默默劳作、对丈夫无怨无悔，对儿子爱如珍宝的母亲。母亲就是母亲，可是从小就有人说她是我的乳母，不是亲娘。那么我的亲娘又是谁？她在哪里？一连串的疑问，使他小小的心灵里，对父亲充满了一种神秘感。他没有见过父亲（除了婴儿时期），在他的想象中，父亲有时是个身材魁梧、举止潇洒的儒将，有时又是个矮小猥琐的贪官。他崇拜父亲，那是由于母亲和秋姑的叙说；他又怀疑父亲，因为从儿时起就听村童们说他父亲是犯了罪逃跑的。母亲从不多谈父亲，似乎她与丈夫之间并无难解难分的牵连和难割难舍的情缘。这究竟是什么原因呢？

第二天，儿子找上门来。

“父亲，有些事我想问问你，可以吗？”

“孩子，你问吧。”

“听说我祖母去世之时，你不肯回乡奔丧，我母亲死了，你仍然不肯回家。你不觉得未尽到自己的责任吗？”

“是的，我有负于你的祖母、母亲，也有负于你。可是彼时彼地有些事你不知道，也不可能理解我的处境。”

“我想问问父亲离妻别子投奔魏国是不是畏罪潜逃？”

“若说是潜逃，倒也算事实。若说畏罪，就大谬了，父亲本来无罪，只有大功。”

“凯旋的将领，鲁国的功臣，听说还领受了金盔玉骊，为何要潜逃呢？其中的秘密可以告人吗？”

“没有什么不可告人之处。正因为我打败了田和，谗臣说我得罪了齐国，从此国无宁日。又说胜了齐国证明鲁国强大，各国的矛头都将指向鲁国，鲁国就要亡了。姬显要追究吴起冒犯大国的责任，我若不

走便是坐以待毙。期儿，父亲蒙冤弃鲁奔魏，算是畏罪潜逃吗?”

吴期沉默了。许久才抬起头来说：“父亲，既然姬显听信谗言，混淆是非，束手就擒是蠢材，弃暗投明是俊杰。你应受到我的尊敬。”他跪地叩头，“父亲，孩儿错怪你了。”

吴起急忙拉起儿子，紧紧地抱在怀中，连连拍着他柔嫩的脊背说：“儿子！你成人了，你能辨真伪，能识正邪。父亲深感欣慰，不虑后继无人了。”

父子之间的第一次交谈就这样愉快地结束了。

血缘，这亲情的血缘使吴起与吴期之间的感情很快建立和强化了。但儿子对母亲究竟是不是父亲杀死的，始终是个疑问。

吴起在处理完西河军政大事之后，总要和儿子在一起阅读史书，议论军旅之事。也许是一种遗传基因在起作用，吴期对于《左氏春秋》也十分喜爱，特别醉心于听父亲讲他亲自经历的战争故事。父亲讲起来有声有色，儿子听得如痴如醉，竟然废寝忘食了。

日子过得很快。转眼十年过去了，吴期已经长到二十六岁了。十年的教育，十年的传授，三更灯火，五更鸡啼，吴期在父亲的教导和影响下，已经懂得了许多兵家的谋略，开口也能讲清三皇五帝，尧舜禹汤，甚至连三分天下有其二的文王姬昌和讨伐商纣的武王姬发，也能评论出功过是非。吴起看到儿子一天天成长，一年年进步，颇感安慰。儿子看到父亲一天天衰老，也觉得把一部《左传》从他手中接过，自己动手编纂和续写下去，是儿子不可推卸的责任。二十六岁的吴期没有父亲那样的威名，却有一颗同当年的父亲一样的勃勃雄心，不论是像父亲那样去挥师作战，还是秉笔续书，他都跃跃欲试了。

这一年，鲁相国田和要在浊泽与魏武侯会盟。武侯觉得自己要有

所准备，在“内修文德外治武备”方面，魏国中没有比吴起更有成就的人了。于是他又召来了吴起，二人无拘无束地论战谈兵了。

武侯：“将军与齐、秦作战时，听人说都要先占卜而后发兵，有没有不必占卜也可以挥师作战的情况呢?”

吴起：“有。在八种情况下，可以不占卜就出兵的。一是敌军在严寒的天气下长途行军，昼夜兼程，艰苦备尝，中途还要造筏渡河；二是在酷热的暑天，不管士卒饥渴，驱使部队长途跋涉；三是敌军长期驻守在外，粮食吃光，士兵忧愤，怨言不断，将领制止不了；四是军需物资耗尽，天降连阴雨，想去抢掠也无处可去；五是敌军兵力少，不服水土，人病马疫，救兵不到；六是敌军长途行军已到天晚，士卒疲劳饥饿，纷纷解甲休息；七是敌军将领没有威望，军心动摇；八是阵势没摆成，营地没设好，行军的行列有的已经下山，有的还在山坡后面。凡遇到这八种情况，你就毫不犹豫地去进攻它。不必占卜。”

武侯：“有没有不用占卜就应避免与之作战的情况呢?”

吴起：“也有。一是敌国地广人多，百姓富裕；二是长官爱护士卒，广泛施加恩惠；三是赏罚严明，处理及时；四是按功劳大小排列爵位，任贤使能；五是敌军兵力多，武器精；六是敌军有邻国的帮助，有大国的支援。凡是在这些方面不如敌军，你就避免与它作战。这就是见可而进，知难而退。”

武侯：“有什么方法能观敌之外便知其内，察其进以知其止来定胜负呢?”

吴起：“见敌军毫无顾忌，军旗凌乱，人马不断地观望，你可以以少胜多，打它个措手不及。”

武侯：“吴将军，你打仗是靠什么取胜呢?”

吴起："我靠严格的治理。"

武侯："不在兵力多少？"

吴起："如果法令不明，赏罚不信，击鼓不前进，鸣金不停止，这样的军队即使有一百万，又有何用？所谓治理军队，我要士卒驻有礼，动有威，进不可当，退不可追，进退有秩序，处处听指挥，被敌军隔断而阵势不乱，队形被冲散仍能成列，将领与士兵同生死，共忧乐，结成不可分离的整体。这样的军队无往而不胜，这就叫作'父子兵'。"

武侯："这个提法很好。如果将领是父亲，士卒是儿子，他们之间就会没有隔阂，同心对敌了。"

吴起："父爱子，子才能尊父。士卒服从将领的命令，这是治军的第一条原则。但如果让士卒过度疲劳，饮食饥渴不闻不问，他们也就不会乐于听从命令了。"

武侯："如果两军相对，我方不知对方的将领才能如何，应怎样去了解他呢？"

吴起："派一名勇敢的裨将，率精兵去试攻，只许败，不准胜。你观察敌人的动静，若敌军一举一动井然有序，追击时佯作追不上，看着你扔下的财物只当没看见，这样的将领是智将，你不要与他交战。如果敌军嘈杂喧哗，军旗纷乱，士卒自行自止，兵器横扛竖执，追败军犹恐不及，见财利唯恐少得。这是愚将指挥的军队，不管他有多少兵马，你就冲上去俘虏他们的将领。"

武侯："好，你说得太好了。讲尊卑之序，我是你的君主；论军旅之事，你是我的老师呀！"

吴起："臣不敢。"

吴起谦卑地欲行大礼，武侯立即制止：“将军不必如此。你年事已高，多自珍重吧。”

吴起被召进宫去与武侯谈兵论战终日不倦，这消息传遍了朝堂。曾遭吴起羞辱的王错坐立不安了。此人原是韩国的奸细，埋藏在魏国已经几十年了。他善于拍马，深得先主文侯的喜爱。年轻的武侯一时也辨不清他的本来面目，见他谦恭老成，又是先君的旧臣，对他虽非言听计从，也看成是老一辈的贤才。在商文、李悝死后，也把他列为选相的人物之一。他不愿魏国强大，而且无时无刻不在觊觎那一人之下万人之上的相位。他看到武侯用半天的工夫与吴起长谈，心里十分嫉妒；又不知两人究竟谈的什么内容，会不会吴起又在武侯面前败坏他的名声呢？他觉得自己必须先下手，把这个眼中钉、肉中刺拔掉。即使一时除不掉他，也要削去他的权柄。只要他手中无权，麾下无兵，功高盖世也一文不值。他直入后宫晋见武侯：

“大王又与吴起将军谈论军旅之事了？”

“谈得很好。”

“是的。吴将军健谈。臣曾聆听他与大王谈及山河险峻之事，受益匪浅呐。”

王错不惜提起自己蒙羞受辱的那场论战，为的是让武侯记起他也被吴起教训一番的往事，武侯半晌不语。

王错见时机已经成熟，便说：“大王，如今西河安定，像吴起这样的人才，不必留在西河了。将他调回京都，授之以谏议大夫，让他助大王治理全国之事，不是更能发挥他的才智吗？”

“唔，此话有理。倘得吴起不离左右，寡人可与他朝夕谈论国事。”

奸臣的谗言打动了君主的心，君主的一纸命令又决定了一代名将

的晚年命运。吴起接到了圣旨，心中一阵惶恐。西河，吴起在这里守卫了二十三年，哪一座城，哪一块地没有他的汗水，他的心血？如今要离开这里了。

当吴起的车子在黄河西岸的渡口停下时，吴起回头望着亲手开辟的西河土地，眼泪滚滚而下。赶来送行的信劝他说："你一向心胸宽广，看待权爵如同敝屣，今日离开西河，为何伤心落泪？"

"老师，当年文侯信任吴起，命我守西河二十余年，使百姓安乐，从而可成霸业。今武侯听信奸臣的谗言，不信任我。唉，西河这块沃土，不久又要被暴秦并吞了，我怎能不哭。"

吴起来到了安邑。手中无权，麾下无兵，这位鼎鼎大名的将军，便成了一位闲官。闲官倒也不错，他可以广交朋友，他可以闭门读书，可以专心研究《左氏春秋》和一篇又一篇地撰写他的《吴子》。

王错借武侯之手削去了吴起的兵权，委实高兴了一阵，但他看见吴起仍可出入王宫，心中不悦，他决心除掉吴起。可是吴起并非等闲之辈，容易除掉吗？谁能帮忙呢？他立刻想起新任的相国公叔痤。公叔痤没有太大的本领，但为人忠厚，爱说真话，颇得武侯赏识。嗯，动用他，让这位老夫子亲自出马。他是公主的丈夫，公主能左右君主。王室的人只要参与，事情没有办不成的。王错是个说干就干的人，第二天他便带上珠宝，到了公叔痤的相府。

寒暄之后，王错单刀直入："公叔兄！"他觉得称兄道弟远比称相国官衔显得亲密。

公叔痤并无大德大能，当上相国是因为曳着公主的一根裙带爬上去的。他有些心虚，有些不自信，他觉得自己是在梦中做了相国的

(这也是此人老实本分之处)。他担心大梦一醒，自己就会从相位上跌入尘埃，甚至跌入深渊。

“王错老弟，有何见教?”

“不敢，公叔兄而今身居相位，小弟特来领教的。”男仆端上两觥酒，摆在案上。

“小弟听说大王把吴起调回安邑，是要委以重任的。”

“唔，我倒没听说。委什么重任呢?”

“小弟不敢说。”

“为何不敢？你我又不是一日之交，但说无妨。”

“因为是风言风语，所以小弟不愿轻易出口，免得以讹传讹败坏了相国的名声。”

“哦，这风言风语与我有关?”公叔痤认真起来，他凑近王错小声地说，“什么风言风语?”

王错有意半吞半吐，欲放故收：“说大王要更换相国。”

“真有此事?”

“风言风语，无头无尾，小弟不敢说是真是假。”

“那就是让吴起为相了?”

“那吴起是什么人？并非世卿世禄，不过是卫国左氏的一个商人之子。他若当了魏国的宰相，天下诸侯都要笑话武侯是个瞎眼大王了。”王错故意装出无可奈何的表情，“大王若有此意别人也无计可施呀!”

“王错，难道我就坐等吴起来接替相位吗?”

“不能！我们要趁武侯未拜新相，就把吴起赶出魏国。”

“没有武侯的旨意，谁能赶走吴起?”

“有一个人能赶走他。”说话的是刚刚捧酒待客的男仆。

“哦。你是什么人？胡言乱语！”王错警惕万分地怒斥男仆。“王错老弟，你不用害怕，这是我的仆人，也是我的亲信。”公叔痤和蔼地对仆人说：“你说说谁能赶走吴起？”

“夫人。夫人是魏国的公主……”

“哦，你说说看。”

“吴起为人清廉，但喜爱自己的名声，不肯让人玷污它。相国可以先到武侯那里说吴起是个了不起的英雄，而魏国不大，我担心这里留不住他。”

“你还让我劝大王留住吴起？不要说了！”

“相国，听他说完。”王错眨着眼。

“说下去。”

“武侯喜爱吴起，一定想留住他，会说，那你看此事怎么办？”

“怎么办？”

“相国就给大王献策，让他把公主嫁给吴起。”

“胡说！公主是我的夫人。”公叔痤怒吼了。

“相国息怒，你听我说完。如果吴起有留在魏国的念头，他就会答应；若没有留下的意思，必定要推辞。”

“如果他不推辞，我就得把自己的妻子让给他？岂有此理！”公叔痤大吼，“畜牲，滚出去！”

“相国息怒，我听出弦外之音了。放心，公主到不了吴起之手。”王错把公叔痤按在座上。

“下一步呢？”

“下一步棋就该公主来摆了。相国再把吴起请到府中叙话。公主此

刻出现，让她跟相国发火，咒骂，蛮横，处处看不起相国。这一切都让吴起看到听到，这位自尊爱名的将军，能答应武侯提的亲事吗?”

“你真是个大夫之才呀！明日我便去见武侯。”公叔痤高兴了，为了他的名声，为了他的相位，将自己的妻子也作为赌注押给吴起了。

吴起不太情愿地进了相府，忐忑不安地进了魏宫。当武侯的金口玉言遭到拒绝时，他愠怒了：“好吧，吴将军既然轻贱寡人，日后也不必来见我了。”

朝中有几个和吴起关系不错的同僚看到情形不对，就悄悄地来到吴起的府中，劝他还是逃走的好。吴起思前想后，也觉得不能坐以待毙，还是走为上策！他马上叫来儿子吴期，匆忙收拾收拾，和同僚告别后，带着自己写成的兵书暗中逃出了都城。吴起边走边想：秦国和自己打过仗，齐国也曾败在我的手下，这两个国家是去不得了。而韩、赵两国又臣服于魏国，也一定不敢收留我。看来我也只有去投奔楚国的楚悼王了。于是，吴起带着儿子一起向楚国的方向蹒跚地走去。

第五章 遭馋受诬，离魏入楚

吴起在遭到小人的嫉妒后，无奈之下来到了楚国，为了回报楚悼王对自己的欣赏和信任，吴起再一次呕心沥血把大好的年华献给了楚国的人民，并创下了巍巍功业。

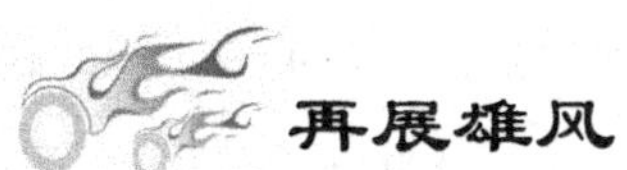

再展雄风

吴起经过慎重考虑，在公元前383年，毅然策马南行，横跨江汉大平原，向楚国驰去。

古老的楚国在春秋初年，就已是华夏大地上幅员辽阔的南方诸侯国。它以湖北为中心，西至四川东部，南至湖南、江西的北部，东边包括安徽的大部，北至河南中部，东北延伸至山东的西南部，西北延伸至陕西东南部。长江、汉水在境内交汇，茫茫九江日夜奔流。以云梦大泽为中心，星罗棋布的湖泊装点着江汉平原，而连绵起伏的丘陵山脉在四周形成了巨大的屏障。这里土壤肥沃，人口众多。

进入战国以后，楚庄王饮马黄河，问鼎中原的辉煌已成为历史。当中原各国都纷纷掀起改革的浪潮时，楚国却犹如死水一潭。政权掌握在守旧的屈、景、昭三家大贵族手里。他们为了自己的利益，因循守旧，坚持奴隶制政权，拒绝任何促进社会进步的改革。奴隶没有人身自由，消极怠工、暴动的现象时有发生。平民生活也十分穷困。国内各种矛盾十分尖锐，把持政权的三家大贵族互相勾结，互相倾轧，

造成整个社会民不聊生。由于政治腐败，军旅不振，官吏荒淫，北方各族经常向楚国进攻。

在政治如此腐败的国家中，内乱还时常发生。公元前 479 年，白公胜发动了武装政变，囚禁了楚惠王，杀掉了令尹（楚国的最高军政长官）子西，使朝野震惊。但没有多久，旧贵族中显赫的家族屈、景、昭三家又联合起来，重新掌握了政权，使楚国出现了政局动摇、民众疲惫不堪的局面。到公元前 402 年，不堪忍受苦难生活的奴隶发动了武装起义，将当时的国王楚声王杀死。但起义最终被镇压了。声王的儿子熊疑即位，就是楚悼王。在他即位不久，楚国就遭到了魏、韩、赵三国的大举进攻，一直打到楚国的乘丘才收兵。过了没几年，三国又再次联合攻楚，将楚军打得落荒而逃。万般无奈，楚悼王送了重礼，请秦国出面来调停，三国才勉强答应讲和。自此之后，在诸侯国的心目中，楚国是一个软弱可欺的国家。

在这内乱不息、外敌林立的情况下，楚悼王深深地感到不改革变法、富国强兵，楚国虽大，也只有死路一条了。然而，楚悼王也意识到，在楚国，旧贵族的势力实在是太大了，如果没有一个有才华的人来辅佐自己，改革是根本无法进行的。这时的楚悼王，最需要的就是有才能的人，不管出身、地位如何，一律委以重任。正当楚悼王苦于国内无贤才，苦思焦虑，一筹莫展的时候，大名鼎鼎的吴起来到了楚国。

楚悼王知道后，十分欢喜。

楚悼王派人将吴起请来，用最高的待客规格来招待。吴起向楚悼王施礼说道："大王如此看重吴起，我实在有些受宠若惊了！"楚悼王忙说："吴将军言重了，将军的大名威震列国，今日能屈就于楚国，

实在是楚国之大幸呀！”楚悼王接着对吴起说道：“吴将军，我的国家你已经看到了，可以说是贫困不堪了，再这样下去，只怕很快就要被人灭掉了。我一天到晚都在为这事犯难呀！吴将军，以你的雄才大略，请说说我该怎么办呢？”吴起说：“大王您说，楚国为什么在楚庄王时那么强盛，而时下的楚国会衰落到如此地步呢？”楚悼王思索良久，说道：“愿闻吴将军的高见！”吴起有条不紊地开始了他对楚国现状的分析：“在楚国，旧贵族的势力太大，以至连国君也要受他们的挟制。制定国家政策时，他们只想到自己的利益，而不想到国家的利益，这样国家所应得的财产流入旧贵族家中，国家如何能富强。分封的贵族过多，使这一批人形成势力，养成了专横跋扈的恶习，对上威逼国君，对下欺压民众。民众被这么残暴地压迫着，是不能很好地耕作渔猎的。这些不搞好，楚国又如何富强呢？”楚悼王一听，觉得果然见解不凡，一下就找到了楚国的病根。忙问吴起：“吴将军，能不能讲讲如何改变这一现状。”吴起说道：“如果大王真的想要改变眼下这种情况……”楚悼王打断吴起的话急忙说：“当然是真的想改变了！”吴起又接着说：“那好，只有按魏国当年所进行的变法模式，在国内实行法治，然后大力进行政治、经济、军事改革，才能挽救楚国！”楚悼王一听兴奋不已——自己果然没有看错，面前坐着的这位吴起，就是能辅佐自己完成大业的人呀！有了这位旷世奇才，楚国一定会富强的，也一定会成就霸业的！

打这次会面以后，悼王与吴起一天比一天亲密，几乎是形影不离。白天悼王带吴起熟悉楚国的情况，晚上两人促膝谈论富国强兵之道。

为了给吴起更多的时间去了解楚国的社会，为今后的改革进一步积累经验，也为了使更多的人了解吴起的真正才能，为他今后的升迁

打下良好的基础，楚悼王并没有让吴起在朝廷里任职，而是先任命他做了楚国北部边防重镇宛（宛为南阳郡治所，在今河南南阳）的长官。楚国的宛地，与秦、韩、魏接壤，是楚国北边的门户。宛地是当时的冶铁中心，商业繁荣，经济比较发达。楚国与中原国家进行经济交流的重要门户就在这里。宛也是楚国防御秦、韩、魏进攻的国防要地，犹如魏国的西河地区一样重要。

吴起学识渊博，对楚国的历史和现实有着足够的了解。他知道楚国毕竟是一个荆蛮之国，有着和中原各国不同的政治和经济形势以及差异很大的风土人情。当年周昭王南征时，楚国人对昭王不满，竟用木胶粘合的船让昭王乘渡汉水，结果昭王葬身鱼腹。吴起利用去宛地之前的短暂时间，遍访治理过宛地的大臣，向他们了解情况，征求意见。

年近花甲的吴起，经过短暂的准备，就乘车到宛地上任了。吴起尽管有些衰老，但精力旺盛。一到宛地，他几乎没有休息，就到各地调查研究，体察民情，然后回到守府与手下人一起讨论、商议，制定出宛地的具体改革方案。楚悼王在他赴宛上任之前举行的宴会上曾语重心长地对他说："希望你把宛地作为今后全国改革的试验地，等宛地改革取得成效之后，你就回来主持楚国的全面改革。楚国的千秋大业就托付给你了。"

吴起果然不负楚悼王的厚望，经过一年的努力，便收到了良好的效果，经济发展了，吏治清廉了，边防巩固了，百姓生活水平提高了，宛地到处呈现出一派新的气象。

吴起在受到重用后，决心辅佐楚悼王进行一番巨大的改革。为了摸清旧贵族对改革的态度，在宛守任上，他走访过一些大贵族。史

书记载他曾专门拜访封于息地（今河南息县）的大贵族屈宜臼。吴起直截了当地说：“悼王不知道我没有能力，竟任命我做了宛守这样的官，请先生您给以多多的指教。”屈宜臼对吴起的话没有回答。这大概就叫“话不投机半句多”吧。屈宜臼知道吴起的来历，看到他在宛地的所作所为，知道他要推行不利于自己的改革，所以装出傲慢和不屑一顾的样子，想给吴起一个下马威，希望他罢手，不要搞什么改革。而且还向他暗示，你要执意进行，侵犯我们的利益，总有一天我们要收拾你。可一生刚烈、执意献身改革的吴起，哪里会把这些个人的事情放在心里。

当楚悼王看到吴起在宛地的改革已经初见成效时，就不顾各方面的反对，毅然任命吴起为楚国的最高行政长官令尹（相当于其他诸侯国的相），授以全权，让他大刀阔斧地推行变法改革。这时的吴起才真正圆了年轻时的梦，终于当上了一个国家的最高行政大官。

吴起在公元前 382 年，正式成为楚国“一人之下，万人之上”的令尹。上任之后，他立即着手进行对楚国全境的改革变法工作。吴起凭着自己多年变法改革的经验和到楚国后了解到的情况认定，要想顺利地进行改革变法，就必须对有着强大势力的旧贵族进行坚决的打击。而与此同时，以屈、景、昭三家为首的旧贵族也蠢蠢欲动。屈宜臼、阳城君等一批旧贵族中的骨干分子，已经开始四处活动，阴谋破坏改革变法。以楚悼王、吴起为代表的新兴地主阶级与以屈宜臼等人为代表的奴隶主旧贵族的矛盾越来越尖锐。

一天，悼王召众大臣议事，在议事的过程中，屈宜臼等人对改革的必要性发表了许多否定意见，吴起挺身而出据理力争。楚国新旧势力的一场论战开始了。

屈宜臼在那里对改革变法和吴起本人进行大肆地攻击，吴起则不卑不亢地说道："先生，当初我曾亲到先生府上，向先生请教我行事有什么不周全的地方，可是先生却不肯赐教。不过，承蒙主公的厚爱，任命我来做令尹，先生就先消消火，看看我干得如何再说不迟呀！"屈宜臼一下哽在那里，心想，这个吴起可真厉害，这一番话进可攻，退可守，把不是都推到我身上来了。憋了半天，才无可奈何地说道："对，对，怪我火气太大，那么不知令尹打算怎么办呢？"吴起一听这话，知道屈宜臼想利用这次机会对自己进行试探和摸底，于是微微一笑，转向众大臣说道："主公已经采纳了我的意见，决意在楚国实行变法改革！"众大臣一片哗然，他们早就知道这个吴起到楚国来就是要搞变法，可他们万万没想到会这么快就开始了。大臣们有的兴奋不已，有的一筹莫展，有的对此嗤之以鼻，还有的则对吴起说道："令尹大人，这变法到底是如何搞法？"吴起斩钉截铁地答道："平均已分封的爵位和俸禄，损有余而继不足，然后建设一支无敌的军队，为主公去统一天下，成就霸业。"这时屈宜臼走到吴起面前，俨然群臣领袖的姿态，十分傲慢地对吴起说道："我还以为令尹和主公议出了什么治国良方，闹了半天就是这个呀！我听说善于治理国家的，是不改变过去的老章程，而你却要改变祖先传下来的世袭制，搞什么平均分封爵位和俸禄。这种改变老章程的办法是不能容忍的。你还想要建立什么无敌的军队，去攻打别国。你这是兴邦之道吗？我知道你善于打仗，但打仗就是靠要阴谋，欺骗对手才能取胜，这是极为不道德的行为。而且，用兵打仗就要用武器去残杀生命，这简直是天大的罪过。你当年就尽干些稀奇古怪的事，在鲁国就用兵伐齐，到了魏国，又用兵伐秦，一天到晚四处招灾惹祸。你整个就是一个'祸人'呀！没有'祸人'

是不会招来什么灾祸的。我以前曾怪罪主公数次违背天理，背离人道，好在还不曾招来什么灾祸。现在可好，你这个‘祸人’来了，这楚国也就快大祸临头了!”吴起面对屈宜臼如此恶毒的攻击，大义凛然，对屈宜臼大声警告说：“你就不能改变你的意见吗?”屈宜臼一看吴起根本不买他的账，一时间恼羞成怒，大声说：“我不会有任何改变!”吴起说道：“或许我吴起能帮助你改变现状!”屈宜臼近乎疯狂地喊叫了起来：“你别认为有主公为你撑腰，你就能到处为非作歹。你现在就已经为楚国种下祸根，已经不能改变了。你要是敢对我们这些贵族有什么不敬之举的话……我劝你还是老老实实地执行过去的政策，如若不然，你就给我滚出楚国，我们楚国可没有什么举贤为贵的习惯。”吴起冷笑道：“这个习惯会有的!”屈宜臼还想继续对吴起攻击，却被悼王愤怒的目光制止住了。这次议事也就这么不欢而散了。但通过这场辩论，更坚定了吴起改革变法的决心。

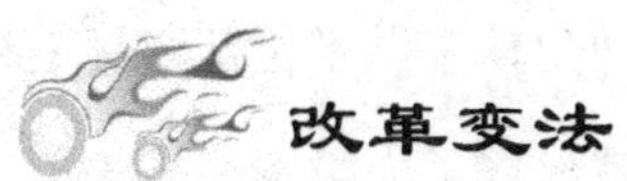

改革变法

在击退了奴隶主旧贵族的第一次大举进攻之后，吴起开始大刀阔

斧地对楚国进行改革。

公元前382年，吴起运用自己在魏国长期从事改革的经验，总结了在宛守任上改革的成败得失，充分利用楚悼王赋予的权力，雷厉风行地启动了楚国全方位的改革。这次改革涉及楚国的政治、经济、社会风俗的各个方面，比魏国李悝实行的变法措施更坚决、更彻底。吴起变法的主要内容有以下几个方面。

首先改变楚国腐朽的政治状况，提倡“法治”，提出按照“法”来治理国家，把权力集中于中央，以国家统一公布的成文法为标准，实行地主阶级专政。这基本上是继承了李悝的法治传统。吴起还提出“明法审令”，就是说要让所有的人都知道国家的法令，从而使法令得到贯彻执行。这里的“法”，基本上就是李悝所著的《法经》中的内容，其目的就是要用法律为武器来保护新兴地主阶级的利益，打击反对派势力，以利于新兴地主阶级政权的建立和巩固。然后，加强中央集权，废除分封制这一点，是建立新兴地主阶级政权的一个重大措施。分封制是奴隶制国家所决定的政体形式。它是由天子把城邑、土地和依附于土地之上的奴隶分封给他的亲属、重臣去统治，这些人就成为诸侯，他们的领土就是诸侯国。在诸侯国内，诸侯又按不同等级，将土地分封给自己的亲属和士大夫。这样就形成奴隶制社会的等级制度。分封爵位是世袭的，即父传子，子传孙，领土和爵位都成了家族的私有财产。这样一来，就形成了大量的独立王国，它们割据一方，对生产力的发展起了极大的阻碍作用。经过长期的斗争，这种分封制已日趋瓦解。在春秋时期，就有一些诸侯国内出现了郡、县。到了战国初期，在魏、赵、韩等国相继由新兴地主阶级建立了郡县制。郡县制是一种封建制的政体。郡县的行政长官直接向国君负责，他们可以由国

君随时任免调换。这样一来，整个诸侯国的领土管理权，军、政大权就集中于国君一人身上，大大加强了国君的权力。这对实现国家统一，巩固新兴地主阶级专政，发展封建的地主经济，起了很大的作用。但在楚国，世袭分封制仍存在着。分封制不废除，封建制就无法建立。因此，吴起在变法过程中，非常注重对分封制的废除。他作出规定，在楚国境内，受到过分封爵位和领土的贵族，只要爵位已传了三代，就要将爵位、俸禄和土地一并收回。另外，吴起还着手废除了国君那些远房亲戚的宗室谱籍，将他们的世袭特权一并取消，为在楚国普遍地建立郡县制开辟了道路。而对那些手中握有大权的重臣，吴起采取了降低地位、渐渐削权的办法，把他们手中的权力渐渐集中于中央，以巩固王权。吴起在政治上所采取的另一重大措施是打击奴隶主旧贵族。这些旧贵族大都居住在京都，修建了极为豪华的住宅，吃着国家的俸禄，过着穷奢极欲的生活。他们凭借着手中的权力互相勾结、朋比为奸，一直伺机对变法改革进行破坏，以维护自身的利益。这不仅加大了变法的阻力，同时也严重威胁了都城的安全。吴起使用了强硬的政治手段，给这些人以坚决的打击。吴起下令对假公济私、滥用私情者严惩不贷。这为楚国树立了良好的社会风气，使政治开始走上健康的道路，官吏也逐渐地廉洁起来。同时，吴起又主张为官的要公私分明，不能因为私事妨碍公事，不要受谗言的迷惑，要保证忠良之臣不遭诬陷。不听随声附和之词，不任用苟且容身于世的人。办的事只要符合道义就大胆地去办，不要管别人对这事是毁谤还是赞扬。这样一来，沉重地打击了奴隶主贵族那种官官相护、互相包庇、仗势欺人、营私舞弊的坏风气。以屈、景、昭为首的旧贵族的气焰为之收敛。

吴起看到这首战的胜利，决定步步紧逼，扩大战果。于是，吴起

晋见楚悼王。悼王一见吴起，便问他变法进行得如何。吴起大概地讲述了一下变法的情况，然后对楚悼王说道：“眼下的变法进行得还算顺利，可是贵族们对变法的态度并没有丝毫的改变，他们一旦找到了时机，就会利用他们的影响力和手中的权力，大举破坏改革，那楚国这次变法恐怕就难以成功啊！”悼王沉思了一会儿，微微地点头说：“这一点我也想到了，可是这些贵族的势力极大，耳目众多，想要对付他们可不是很容易的呀！”吴起胸有成竹地说道：“主公，关于这一点，臣倒是想出了一个办法：可以大大削弱这些贵族的势力，同时还能繁荣边远荒芜的地区。”“噢？说说看，是什么办法？”“主公，这些贵族主要都居住在京都一带，他们的亲信也大都安插在京都附近，如果能把他们从京都调走，就等于把他们的羽翼剪除了。这样一来他们的力量分散，相互又失去联系，就是有所动作也不至于对变法构成太大的威胁。”悼王似有所悟：“你的意思是把聚居在京都附近的贵族迁居到荒芜的边远地区去。”吴起忙答道：“对，臣正是这样考虑的，不知主公意下如何？”悼王思索了一阵，说道：“好！就这么办！这件事，就由你亲自去办吧！谁要是不服命令，我绝不会轻饶了他！”

吴起得到了悼王的应允，立即发布了命令：要居住于京都附近的贵族举家迁徙去充实边区，违令者严惩。这道命令一发出，在京城的各阶层都反应十分强烈，最恼火的当然是那些贵族。他们见到命令后，就又聚在一起商量对策：“这个吴起简直是欺人太甚，整天和咱们过不去，现在又让咱们离开京都，咱们就是不走！看他能如何。”“这样干可不行，要只有他一个吴起倒也不难办，可吴起有主公给撑腰，硬顶的话，弄不好要吃亏的。”“那你们倒是想出个办法来呀，难道就这么走不成？”……他们讨论了半天，也没能想出什么办法。到了最后，

还是各自回到家里，收拾起平日搜刮来的金银财宝，望着自己的府第，悲悲切切地离开了京都。

吴起这一下把这些贵族搞得真是狼狈不堪，叫苦连天。接着吴起就着手国家机关的改革。对楚国那庞杂臃肿的官僚机构动了一次大手术，撤销了一些不起作用的机构。在用人方面坚决执行“用人唯贤”的标准，对那些有能力、有真才实学的人委以重任，而对那些通过种种不正当途径进入国家机构的人和碌碌无为、光吃俸禄的人一律罢免，明确地提出了“罢无能，废无用”。并将被罢免官员的俸禄积攒起来，用来俸养那些新选拔出来的军士。一时间，官员们的积极性被调动了起来，都力争把工作做好。

当时楚国的官场歪风盛行，各级官吏贪赃枉法。为了获取一官半职，许多人通过各种途径，找门子，拉关系，请客送礼，行贿受贿。一旦爬上官位，就又使出各种手段巧取豪夺，鱼肉人民，坑害国家。整个战国时期，国与国之间，也经常通过行贿夺取战争的胜利，有些强国在势力衰弱时，为保住自己的霸主地位，不惜向自己的盟国送去财物甚至土地；有的元帅、将军、政府要员为了财物和美女，常常置国家利益于不顾，出卖国家情报；有的官员，嫉贤妒能，为了自己的高官厚禄，极尽所能，使出浑身解数，对忠诚贤哲之士进行诽谤、陷害；有的官员，为了一己之私利，常常不考虑自己的声誉和所作所为带来的后果，只图暂时的快乐和享受；一些行为不端的知识分子，为了各自的利益，到处游说，造成思想上的不统一，等等。针对楚国官场和社会存在的各种不正之风，吴起提出了三点主张：首先提出了“使私不害公，谗不蔽忠，言不取苟合，行不取苟容，行义不顾毁誉”的主张，就是说，不能因个人的“私利”而妨害了楚国国家的“公

利”，不能让坏人的“诽谤”损害为国家利益恪尽职守、公正忠诚之士，要求大家能够做到公而忘私，为了国家的利益，不计较个人的毁誉得失。其次提出了“塞私门之请，一楚国之俗”。就是要整顿官场的歪风，禁止私人间请客送礼、拉关系。第三提出了“破横散从（纵），使驰说之士无所开其口”。就是坚决取缔纵横全国进行的各种游说活动。这是要从制度上加强廉政建设，树立官府的良好形象。

这些措施为楚国的新兴地主阶级取得政治地位，创造了良好的条件，也有效地保护了改革变法的顺利进行。

在政治改革取得初步成功时，吴起又针对楚国的现状，在经济上进行了一系列的改革。

在经济上，吴起根据楚国地广人稀的特点，认为多余的是土地，不足的是人民，而过去楚国的旧贵族把人民集中到地少人多的地区来，影响了楚国的农业生产，没有很好地把土地和人口结合起来。因而他下令迫使旧贵族带领所属人员去充实广大的荒凉地区。吴起继承李悝的“尽地力之教”的政策，打击那些游手好闲的策士和游客，为百姓创造一个安居乐业的环境，提高他们的生产积极性。

在当时，楚国境内有一种人，他们不从事生产，而是凭着自己的如簧巧舌四处攀附权贵，蛊惑人心，扰乱社会秩序，人们称之为策士或说客。他们的存在对发展生产非常不利。吴起了解到了这一情况后，便下令“禁游客之民”，用这样强硬的手段禁止了这些人继续从事策士或说客的职业，让生产的人数有了保证，社会秩序也得以安定，从而提高了生产积极性，使楚国的封建经济得到了发展。

吴起在楚国变法中，取得成绩最大、改革效果最显著的，还是在军事上。吴起在变法一开始的时候，就提出了建立一支强大的军队，完成统一大业的构想，这是因为吴起作为一个军事家，他清楚地认识到没有强大的军事力量，就不可能称霸于诸侯，当然一统天下就更不可能了。吴起一方面用裁减政府中冗员和减损奴隶主贵族的那部分经费为楚国建立起了一支像魏“武卒”一样的军队，实行以法治军，奖励军功，并把军队的指挥权集中到国君楚悼王的手中，使楚军的战斗力有所增强，具备了逐鹿中原的条件。另一方面，吴起从战备的角度出发，加强了京城鄢郢的防卫。在改造都城防御工事的时候，一些旧贵族又一次跳了出来，对改建工事横加阻拦。

楚国的城墙，高度一直是 2 版（古代长度单位，1 版相当于今天的 4 尺 5 寸），吴起为了使城墙能更有效地防御外敌的进攻，决定把城墙加高到 4 版。可是楚国的老百姓已经习惯了 2 版高的城墙，对一下要把城墙加高到 4 版有些不大理解。一些旧贵族就利用人们思想中这一传统习惯，扇动人们反对改革。然而这伙人势力已是大不如前，这场骚动很快就平息了下去。但由此却可以看出旧贵族对变法改革的破坏是无孔不入的。正像恩格斯所说的：“传统是一种巨大的阻力，是历史的惰性力。”任何改革如果想成功，就必须克服因循守旧的习惯势力。

经过了一年的改革，楚国的各方面都取得了很大的发展。尤其是军事上，楚国军队已不是当年被韩、赵、魏联军打得东躲西藏的楚军了。在吴起的严格训练下，楚军发展成一支战斗力相当强的军队。因为楚国有了这样一支军队，早先经常进攻楚国的魏、赵、韩三国，如今已不敢南进一步。不仅如此，这支军队还西伐强秦，一举攻占了秦的几座城池，洗刷了过去的耻辱。

就在吴起来到楚国之前，楚悼王继位之初，楚国在同韩、赵、魏

的战争中接连失利。公元前 400 年，韩、赵、魏伐楚，至乘丘而回；公元前 399 年，楚国因势弱归还榆关给郑国。公元前 391 年，韩、赵、魏再次伐楚，大败楚军于大梁、榆关。从此，大梁便为魏所有，魏还进一步取得了襄陵（今河南睢县）等地，在黄河以南得到发展。而当时魏国的强盛正是由于吴起等人改革、练兵，创建魏武卒而获得的。

楚国强盛起来以后，开始南征北伐。吴起率军南下平定了百越（当时居住在我国南边的越族），取得了今江西南部和湖南、广西之间的苍梧。在广西平乐银山岭发现的战国中晚期墓葬，具体证明了这个历史事实。出土物除实用陶器外，有成套的铜制、铁制兵器。墓的主人是楚国从事垦耕、防守边塞的武士。有些兵器上还刻有楚国内地的地名，明显是从楚国内地带往岭南的。这个事实说明百越、苍梧一带，由于吴起的南征，这时确已成为楚国的领地了。吴起平定百越、苍梧等地，进一步加强了中原和岭南经济、文化上的交流，加速了民族的大融合，有利于江南和岭南经济文化的发展。北边，吴起率军吞并了陈国（今河南东部、安徽西部一带）和蔡国（今河南中部一带），向西还讨伐了秦国。

这时的魏国还依仗李悝变法和吴起训练的魏武卒，耀武扬威，称霸中原。魏武侯知道吴起到楚国后一定会积蓄力量，寻找机会攻打魏国。他知道吴起的军事才能魏国无人能敌。当他了解到吴起到楚国不到两年的时间，已经使楚国吏治清明，经济繁荣，军事强盛起来，既懊悔又担心，他后悔不该把吴起赶走，更后悔当初没有把吴起杀死，消除后患。可此时已经晚了。他埋怨王错等人怎么给自己出了这种下等的策略，他从心里也埋怨自己不该听信谗言。现在，说什么都晚了。

此时的吴起已扫平南部，稳定了周边环境，他在继续整军练兵，等待时机，准备和魏兵大战。

公元前383年，赵国在三晋联合对楚作战中，由于地理位置的关系，没捞到什么好处，而韩、魏两国却取得了郑、宋两国的不少土地，赵国便在这年大举进兵卫国。卫国根本不是赵国的对手，危急之中便向自己的盟国魏国求救，魏国怕赵国灭掉卫国于自己不利，便派兵帮助卫国攻打赵国，由于吴起训练的魏武卒个个能以一当十，结果赵国大败，几乎全军覆没。卫国乘胜攻占了赵国的刚平（今河南清丰西南）。赵国本想通过战争，夺取卫国的领土，结果不但损兵折将，而且丢失了刚平，败在卫国手上。这时赵国看到楚国强大起来，就派人到楚国，向楚国求救。在是否救赵的问题上，楚国高层领导意见不完全一致。有人反对出兵，认为赵、魏、卫之间的战争是狗咬狗的战争，等他们两败俱伤，我们可从中渔利；况且，赵国还曾和韩、魏联合攻打过我们。吴起主张出兵救赵，他说："魏国是中原最强大的国家，如果赵国和卫、魏联军之间的战争持续下去，赵国将被消灭。等魏国消灭了赵国，他的势力就会大大增强。这时，他将吞并周围的弱小国家，请大家想一想，到那时魏国要率兵南下，我们就很难打得过他了。现在，我们出兵救赵，首先在列国之间树立了正义之师的形象，从舆论上我们占了主动。再说，我们现在出兵，没有后顾之忧，可以集中所有的军事力量与魏国决战。而魏国就不同了，西面的秦国始终在靠近西河的边境上驻有重军，一旦有时机，秦兵就会东进；东面的齐国也在试图西进，拓展领土；北边的赵国要报仇，自然要和我们联手，对魏国夹击。我一直在发愁出师无名呢。这是天赐良机，此时不出兵，

更待何时?”楚悼王听完吴起的精辟分析，决定采纳吴起的意见，出兵救赵，任命吴起为全军统帅。

次日，吴起率领着楚军浩浩荡荡地向魏国的方向出发了。经过了几天的急行军，在州西与魏军展开了一场大战。

吴起挂帅出征。楚兵在吴起指挥下所向披靡，战无不胜。这次出兵伐魏，楚兵更是威武雄壮。楚军将士们兴奋不已，这次可以在吴起的指挥下雪耻了。军队很快来到魏国边境。魏武侯听说统兵人是吴起，知道来者不善。他首先派和吴起有私交的大臣到吴起的大营，向吴起道歉，希望吴起撤兵。吴起对使臣说：“我现在是楚悼王的令尹，悼王对我恩重如山，我绝不做对不起悼王的事。况且，我要让王错那帮奸佞小人知道我吴起的厉害。请你回去吧。”随后，吴起发布讨伐令。楚兵个个像下山的老虎、出笼的凶狮扑向魏兵。魏兵知道是吴起领兵，战争还没有开始，心里就害怕了。魏国的将领深知吴起出神入化的运兵策略。战争一开始，魏兵将领指挥失度，不知所措，魏国的士卒也大都因为紧张而慌乱。吴起训练的魏武卒，大批在战场上倒戈。吴起率军迅速推进，深入魏国腹地，魏兵一退再退，楚兵一直攻到黄河两岸。赵国也乘胜反攻，夺取了魏国的棘蒲（今山东魏县)、黄城（今河南内黄县西)，占领了魏国大片领土。吴起立马黄河边，想起当年作为五霸之一的楚庄王多次挥兵北上，饮马黄河，问鼎之轻重，令中原霸主们瞠目结舌，那是何等的气魄！他决心要扫平魏国，统一中原，为楚悼王创立比先祖楚庄王更伟大的功业。

魏军早就听说楚军已非往日可比，但却万万没有想到会勇猛到这种程度，一时间阵脚有些混乱。不过魏“武卒”到底是魏“武卒”，很

快就进入了战斗状态。双方势均力敌，旗鼓相当。在这种情况下，双方的指挥官起着决定性的作用。楚军由吴起亲自指挥。他指挥若定，不忙不乱，而魏军渐渐吃不肖了。楚军越战越勇，终于，魏军败下阵来。吴起下令乘胜追击。楚军此时士气正旺，一路追杀下来，只见处处刀光剑影，只听四野人喊马嘶，魏军被杀得丢盔解甲，留下了一路的尸体，夺路而逃。吴起率军急追不舍，直追到了黄河岸边才停了下来。正当吴起率领的楚军饮马黄河之际，赵军也向魏军发动了攻击，接连攻下了魏国的几座城池。这次战斗，魏国被打得大败。

伐魏一战的胜利，无异于向各诸侯国示威，让他们都看看：楚国不是以前的楚国了。

楚国经过一年的变法改革，如一头沉睡了许久的猛兽，渐渐地醒来，挺立起身躯，挥舞起自己许久不用的利爪，开始向着中原方向咆哮了。

可是就在这头猛兽壮志满怀地要挥戈逐鹿中原之时，它却被来自内部的力量打垮了，而且再也没有站起来。

正当吴起充满信心，展望未来，苦心筹划时，快马来报，楚悼王病重，请他速回都城。

第六章

一代将帅，名垂千古

吴起胜利之后，正打算回朝告诉楚悼王，却传来楚悼王得不治之症的消息。这对于正在兴奋中的吴起来说简直就是晴天霹雳，他快马加鞭，赶了回去，没想到他面对的竟是小人的陷害。临死之前的吴起表现出了超出常人的冷静，让那些陷害他的人也得到了应有的下场。可见吴起用兵之神！他的事迹被后人所景仰，他的名字永垂史册。

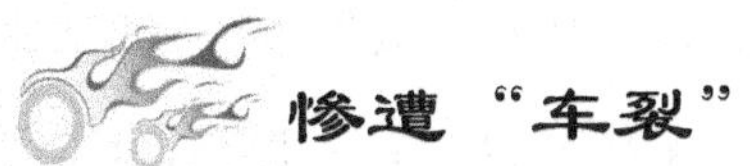

惨遭"车裂"

吴起得知楚悼王病重，知道事情紧急。如果悼王没有生命危险，绝不会在他每战必胜、凯歌高奏的时候传他回朝。

吴起一边想，一边快马向都城飞奔。一路上换了十几匹战马，困了就把自己捆在马背上。遗憾的是，楚悼王已在他回来的前一天死去了。

当吴起听到这一噩耗的时候，一时间愣在了那里，欲哭无泪。是啊，是悼王在他吴起最不得志的时候收留了他，是悼王不顾旧贵族的阻挠委他以重任，是悼王一直坚定地支持他，做他坚强的后盾……这一切怎么能让吴起不悲痛万分呢？在这种过度悲痛的心态控制下，吴起失去了往日的理智，失去了对那些一直虎视眈眈于他的旧贵族的警惕。他将手中的公事交给了几个信得过的部下，身边仅仅带着几名侍卫，以重臣的身份亲自去主持操办悼王的丧事。

而屈宜臼一伙对悼王的死却是欢呼雀跃，这是他们期待已久的事情。屈宜臼一听到悼王去世的消息后，一方面立即派人去与几个势力

经天纬地

较大的旧贵族联系，约他们在近日内一同发动武装叛乱；另一方面派人到郢都探听吴起的情况，并和留在郢都的旧贵族联络，也好在攻城时里应外合。屈宜臼对吴起是又恨又怕，他知道这次叛乱要是被吴起察觉，那他们就只有死路一条了。吴起战胜过几乎所有强大的军队，也包括他自己亲自训练的武卒，他屈宜臼这几个人怎么能和吴起对阵？很快，派出去联络的人回来了，报告屈宜臼：联络的旧贵族都很痛快地答应了。去打探吴起情况的人不久也回来把吴起悲伤过度、整日忙于悼王的后事以及郢都的贵族答应在攻城时做内应的情况，向屈宜臼报告了。屈宜臼听完这几方面的消息，几乎高兴得跳起来。接着给手下人下令，叫他们马上通知那几家贵族立即集结兵力，待聚齐之后连夜进兵郢都。在郢都的吴起此时对旧贵族所做的一切都还一无所知。

屈宜臼和几家贵族调集大批军队，加上他们的私人武装，开始一路斩将夺城向郢都进逼。情况危在旦夕。

旧贵族的军队在屈宜臼、阳城君的带领下开始攻城。很快得到了城内旧贵族的接应，4 版高的城墙没能挡住旧贵族的进攻，叛军像潮水一般攻入城来。吴起亲自披甲上阵，率领着全城军民奋力抵抗，但是因为事前毫无准备，吴起指挥士卒与旧贵族的军队在城中展开了激烈的巷战。终因敌众我寡，吴起身边跟随的士卒一个个倒下去了，他自己也是多处负伤，渐渐支撑不住了。他传令士卒，叫他们边打边撤，撤进王宫，争取利用王宫的宫墙作反攻的堡垒。

队伍一边与旧贵族厮杀，一边拼死向王官方面撤退。旧贵族的军队在后面穷追不舍。吴起冲到王官门口，发现竟没有一名自己的士卒在这里——只怕他们已经牺牲在撤往王宫的路上了。吴起仰天一声长叹：“我吴起无兵可用了！”吴起的眼中已经看到了死亡的逼近，他喃喃自语道："来吧！你们会遭到报应的！"他想到了悼王的尸体还停放在宫中，也想到了楚国一条极为严厉的法律：施兵器于国王尸体要诛灭三族。

这时旧贵族的军队已经追到了王宫附近，他们发现了吴起，开始向吴起射箭，吴起忙撤进宫内，拼命地跑向停放悼王尸体的地方。

当旧贵族的军队追上吴起的时候，他们惊讶地发现，吴起正泰然自若地站在悼王的尸体旁。吴起看他们冲了进来，微微一笑："让你们见识见识我吴起是如何用兵的！"这时旧贵族们乱箭齐发，吴起身上多处中箭，他转向悼王的尸体说道："主公，吴起对不起你了，就让你我君臣二人死在一起吧！"说着就倒在悼王的尸体上，旧贵族们的箭继续射向吴起，同时也射中了楚悼王的尸体。这时的旧贵族们早已被眼前的胜利冲昏了头脑，他们哪里想得到吴起这样死，是在为他们制造罪名呢！就这样，吴起壮烈牺牲了。吴起这个盛名震四野，胜绩传八方的常胜将军，就这样死在了这一伙残暴的旧贵族的乱箭之下。

吴起死的时候身为楚国的令尹。他流血插箭的身体留在楚国王宫的大殿，并且还倒卧在尊贵的楚悼王的身上。奇怪的是，他身上只中了关键的一箭就结束了生命，而楚悼王的身体已变成了马蜂窝。一支支箭都树一般在楚悼王身上挺拔地直立着。

有人主张赶快处理惨不忍睹的场面，把箭从楚悼王身上拔下来，用锦绣覆盖累累伤痕。但楚肃王把手一挥："去吧，我要亲自数一数这些箭……"

至此，屈宜臼遗恨未消："吴起之罪在于变其故，易其常，并以利器而残害天下。殁者，如山；血者，成河。吴起十恶不赦，当处极刑——车裂！"屈宜臼提议。

“呜呼，呜呼，车裂！”人们欢呼起来。

“一切从速！”屈宜臼在人们欢呼的时候，作出十分果断的决定。他唯恐肃王有变。此时这位刚继位的国王，正清理父亲的遗体。每拔一支箭，都不停地喷射鲜血，都需跳巫祭奠。这繁复的礼仪，闹得他焦头烂额。他最疑惑的是，父亲死了多日，为何血流不止。至于如何处置吴起，已不在他的关注之内。

就此，屈宜臼仿佛当上了楚肃王的令尹，除国王之外，他掌握了最高权力。

五更时辰，郢之钟就一声接一声急促敲响，楚国人也在令人心颤的警钟声中纷纷走出家门。如遇斩首或车裂的日子，他们都有说不出的恐惧和兴奋。都争先恐后，又缩手缩脚，唯怕漏了一枝一节，又怕看见一枝一节。

“车裂何人？”有人问。

“吴起！”有人回答。

“何罪？”“不知。”

立在街旁的除郢之民众，还有墨家弟子。他们曾想以战制战，而此刻却说：“吴起逐了屈宜臼，如今屈宜臼又裂了吴起。如此反复，天下焉有宁日！”

有人也似有所悟：“爱，更稀了；攻，更稠了。焉能有兼爱非攻？”

屈宜臼以及显赫的贵族们登上了高台。这本是楚王阅兵的地方，而屈宜臼宛如楚王一样威风凛凛。他下了一道命令：“执行！”

随之，车轮如雷从远方滚滚而来。最初，隐隐约约，但却滚出了说不出的哀恸和沉闷。有人觉得手都凉了，有人觉得汗湿透衣衫，有人伸长了脖子一看，五辆牛车已辘辘地扬着灰尘自远而近了。然而，却驶得格外慢，格外凝重。车轮每转一下，都留下扑通扑通铁锤锤地的声音。让每个站在这个阅兵场上的人，都清清楚楚地觉得双脚踩的土地正在颤动。而拉车的牛都十分健壮，但不知为什么都把眼睛垂到了地面，仿佛正在承受耻辱。刽子手们都面无表情，目光冷冷地凝视前方，无喜无怒无忧无乐，只是一身土红的衣服，显得十分刺目。当这种颜色即将擦着人们身体而过，路旁的人都匆匆忙忙后退了好几步。

不知何时，郢都的乌鸦都从城门、古树、郊野飞到了阅兵场的上空。翻飞，盘旋，展翅俯视，就是不出一丝声息。偶尔一声“呱”，竟使所有的人都抬起头来向天空凝视，也像乌鸦一样噤咽着自己的声音。忽然一个孩子惊惶地“哇”一声哭出来，地上的人开始你挤我，我挤你，还有人未看到车裂吴起，就被慌乱的人群踩死了。

这局面仿佛正难以收拾，只听屈宜臼一声断喝：“带吴起!”

只见四个身穿土红衣服的刽子手肩扛着吴起的尸首走出一间低矮的房子。吴起的尸体已经僵硬，劲挺地躺在四个人的肩上仿佛躺在床上一样舒坦。他随着四个人一起绕场一周，好像一位常胜将军以特殊的姿态对他的兵士及民众进行检阅。尤其一身将军服，把他打扮得十分英俊，那把赤蛾宝剑还垂在身后，经阳光一照，闪烁的光华时而像水，时而像火。有人已盯上了这个宝物，但绝大多数的人也都觉得这不过是一个打仗人常佩之物；而屈宜臼认为这烧火棍一般的东西，不妨宽容地让“裂者”带去。

吴起被抬着绕场而行的时候，阅兵场寂然无声，所有的人一动不动，只有眼睛跟随吴起肃然而行，仿佛自己不知不觉成了被检阅的士兵。头上的乌鸦，也都展着翅无声地浮动着，向地上投着黝黑的影子。

屈宜臼觉得天忽然阴了，风不动声色，却冷飕飕地刮着，让人禁不住直打寒战。唔，时辰已到。

“执行车裂!”这是最撼人的命令了。

于是吴起的四肢与头颅分别被绑上五辆木车，动作之迅速，让人目不暇接。只一瞬间，吴起就被五辆车平平地拉扯着停留在地面以上。但他依然平静，依然如在检阅。直到一声鞭响，五只牛被鞭打着向五个方向奔走，人们才清醒过来，终于明白发生了什么。

人们以为一瞬间这一切都结束了，但谁知道吴起自小就习剑练武，而且屡屡拜师学艺，再加上一生征战，刀戟剑胄不离须臾；他虽然年已六十，而身体却似铁打得一般坚硬，尽管五只牛使了平生之力，而吴起纹丝不动。

屈宜臼已经有些慌了，催促人们重新开始。

但不知何故，天忽然真阴了，地上的黑影一寸一寸向面前移动，像缓缓涨潮，将一点点把人们淹没。人们乱纷纷地抬起头来，太阳已被蚀去了一大半。唔，一次日全食正在降临。

人们惊呼起来：“楚之难来了!”

转瞬，太阳被黑暗全部遮住。但地上的残酷并未结束。五只牛正被鞭猛力抽打，五辆车轮隆隆滚动，铁铸的吴起虽经六十年的冶炼，还是被撕碎了。

吴起死后，杀害他的叛乱者，也没有能逃脱自食恶果的历史惩罚。楚悼王的儿子楚肃王一继位，就下令将杀害吴起的七十几人全部杀掉，并且诛灭三族。

当然，楚肃王杀这些人，并不是因为他们杀害了吴起，而是因为他们在射杀吴起的同时也射中了他父亲楚悼王的尸体。楚肃王本人对

吴起为楚国变法图强的功绩根本不承认，更不欣赏吴起的军事、政治才能。他绝不是改革的继承者。反之，楚肃王在继位不久就完全倒向了腐朽的旧贵族一边。楚国的大权又重新落入了屈、景、昭三家手中。楚国的旧贵族在很短的时间里，就将吴起所推行的改革变法全盘否定了。被迁到边远地区的旧贵族又欢天喜地地回到了郢都，恢复了花天酒地的生活；被废除的公族，又恢复了原来的名誉和地位；被裁减了爵位的，又提升到了原来的等级；被斥退的国家机构的“冗员”，又让旧贵族找了回来，官复原职；补充的军费也被克扣了下来……总之，一切恢复到楚国原来的样子。旧贵族们弹冠相庆，而由吴起变法改革强盛起来的楚国却又很快地垮了下去。从楚肃王以后，楚国的大权一直为屈、景、昭三家所把持。这个在战国时代领土最大的国家几乎成了一块肉，任各诸侯国宰割。到了楚怀王以后，更是越来越不景气了，以致最后终于被强大的秦国吞并了。

回眸一生

回眸吴起的一生，他曾经拜鲁国曾申为师，学习儒术。之后，在

鲁国担任将领。齐国人攻打鲁国，鲁国国君想拜吴起为元帅，抵御齐国。但由于吴起娶了齐国的女子为妻，鲁君心生疑虑。吴起想借此成就功名，便杀了他的妻子，来表明自己与齐国没有任何关系。鲁君最终拜他为统帅，率领军队攻打齐国，将齐国打得大败。

鲁国有人厌恶吴起，说吴起这个人，是猜忌狠心之人。他小时，家有千金之富，但他到处周游都没有成功，于是家业荡尽。他的乡里人笑话他，吴起便将笑话他的人杀死三十多个，奔出卫国东门，与他的母亲诀别说："我吴起不做卿相之类的大官，决不再回到卫国。"于是便拜曾申为师。不久，他的母亲去世，吴起始终没有回去。曾申看不起他，便与他断交。吴起于是到鲁国学习兵法，侍奉鲁君。鲁君怀疑他，吴起便杀死自己的妻子来谋求鲁国的将帅之位。鲁国只是个小国，却有战胜齐国的威名，那么诸侯便会谋划灭亡鲁国了。何况鲁国和卫国本来是兄弟之国，现在大王重用吴起，则是抛弃卫国。鲁君也怀疑吴起，便把吴起辞退了。

吴起听说魏文侯贤明，想要侍奉他。文侯问他的大夫李悝说："吴起是个什么样的人呀？"李悝说："吴起贪婪而且好色，但是非常会用兵，即使司马穰苴在世也不见得比他强。"于是魏文侯便以吴起为将帅，攻打秦国，拔下秦国的五座城池。

吴起治军号令严明，军纪森严，赏罚严明，任贤用能。尤为难能可贵的是，他处处以身作则，为人表率，和普通士兵吃相同的饭菜，穿一样的衣服，行军时不骑马，不乘车，背负干粮，坚持与士卒一起步行。

文侯因为吴起善于用兵，而且廉洁正直，能够得到士卒的拥护，

便让他在西边守护黄河西岸的魏国土地，同时抵御韩国和秦国的入侵。

魏文侯死后，魏武侯即位。武侯坐船从西部黄河顺流而下，到了黄河中间时，回首看着吴起说："这里的山河多么险固，多么美好壮丽呀，这是魏国的珍宝呀！"吴起回答说："国家的稳固在于统治者的德业而不在山河的险固。如果大王您不修德政，舟中的人都会成为您的敌人呀。"武侯说："很好。"

吴起做魏西河地区的太守，非常有名望。魏国要设置丞相，却选了从齐国来的孟尝君田文。这使吴起非常不快。便对田文说："咱俩比较一下功劳，可以吗？"田文说："可以。"吴起说："带领军队，使士卒乐于效死，敌国不敢窥测，先生与吴起谁行？"田文说："我不如先生。"吴起说："治理百官，亲附万民，充实仓库，先生与吴起谁行？"田文说："我不如先生。"吴起说："守卫西河，使秦国不敢向东窥测，赵国和韩国听从，先生与吴起谁行？"田文说："我不如先生。"吴起说："这三项，先生都比不上我，却身居上位，为什么呀？"田文说："国王年少，国人心中疑惑，大臣也没有归附，普通百姓不信任国家，在这个时候，你能胜任呢？还是我能胜任呢？"吴起沉默良久说："你能胜任。"田文说："这就是我之所以位居你上的原因。"吴起于是自愧不如田文。

田文死后，公叔痤为相，娶了魏国公主为妻，谋害吴起。吴起便离开魏国，投奔楚国。

楚悼王早就听说吴起贤达，到了楚国，便拜他为令尹。明确法令，撤销冗官，捐弃公族中疏远的人，同时抚养善于战斗的勇士。其要旨在于强大楚国军队，破坏主张连横的政策。于是，楚国南面征服吞并了百越之地，北面灭亡了陈国、蔡国，气势使韩、赵、魏胆战。又率

领军队向西征伐秦国。诸侯都害怕楚国强大。而楚国原来的贵族也日夜伺机谋害吴起。等到楚悼王死后，楚国贵族作乱、围攻吴起，吴起奔向楚悼王的尸体，趴在上面。攻击吴起的人因为刺杀吴起，也同时刺伤了楚悼王尸体。等到将楚悼王安葬之后，楚肃王即位，于是让令尹诛杀射杀吴起和射中楚悼王尸体的人。于是因射杀吴起而被灭三族的有七十多家。

这是一个充满着传奇和行动的时代，充满着英雄和智慧的时代，到处闪耀着刀光剑影，伴随着血腥厮杀的嘶吼。这个时代有太多的事业失败和人生悲剧，固然和整个社会的大环境有关，却也和人的性格有关，因为“性格即命运”，而这一点在吴起身上就格外的明显。

吴起可能意识到了自己的性格缺陷，并且曾经努力地想要改变自己的这个缺陷，可以看出，这个性格是多么严重地阻碍了他的生活和进取心。但是，这个性格却如影随形贯穿在他的这种努力和整个一生之中。

对吴起，历史上是有评价的。如：不奔母丧，评吴起“不孝”；杀妻为将，评吴起“残忍”；为卒吮疽，评吴起“贪名”；变法捐躯，评吴起“刻暴”。这些肤浅的评论初看以为中肯，默思之则不以为然，因为这些评论只是就事论事，只看事件的表面，而没有透过表面看到事件的实质。司马迁言吴起：“能行之者未必能言，能言之者未必能行。”并举其在楚为例：“吴起说武侯以形势不如德，然行之如楚，以刻暴少恩亡其躯。悲夫！”千秋功过自有后人评说。

武成王庙对吴起的“赞”，现录如下：

兵尽其法，士尽其力，西河建功，魏侯守国；

无以恃险，弗如在德，致君一言，干戈乃息。

“无以恃险，弗如在德。”这句话是对吴起的一句劝告，充满着对吴起深深的爱意，深深的敬意，深深的惋惜。“在德不在险”，在一个国家是如此，在一个人，不也是如此吗？综观吴起的一生，失就失在无险可恃！作为一个完全透明的人，把自己所做的原始地直鲁地呈现在世人和历史面前，毫无掩饰。其性格、思想、行为，从不拖泥带水。连一个仆人都能将其的性格缺陷看得一清二楚，这哪像是一个“贪名”的人所做所为？风起青萍之末，英雄的悲剧起自于他的性格。

第七章

兵书留世，影响深远

《吴子》是一部与《孙子兵法》齐名的军事著作，该书在长期流传过程中为后人所整理和删补，有些篇目和内容有所亡佚，现仅存《图国》《料敌》《治兵》《论将》《应变》《励士》六篇，远非全璧。其对后世有深远的影响。

科学经典的军事理论

《吴子》是中国古代一部有名的军事著作。对它的成书年代和作者，历来就存在种种不同的说法。

一种观点认为，《吴子》是战国初名将吴起所著。司马迁《史记·孙子、吴起列传》指出，西汉前期，吴起所作兵法所在多有，颇为流行。班固《汉书·艺文志》著录有《吴起》兵书四十八篇，其中多为后人附益之作。其本人所撰即《隋书·经籍志》所著录的《吴起兵法》一卷，也就是今天传世的《吴子》。

另一种观点对今本《吴子》即《吴起兵法》表示怀疑，认为《吴子》书中的许多内容不像出自战国初年人之手，可以断言这是一部伪书。有人根据今本《吴子》的笔调风格，指出此书是西汉中叶人托名吴起而写成。又有人根据今存《吴子》提及汉代流行于西域和塞北的“笳”，和西汉后期才出现的真正的“马鞍”，认为今本《吴子》可能成书于西汉后期。

还有一种观点认为，今本《吴子》的基本思想应出自吴起。此书

是由吴起后学记录、整理和增补成书，又经过汉人的修订删补，才以今天的面貌流传于世。这种说法应与事实相去不远。

《吴子》是中国古代颇有影响的一部兵书。全书分为《图国》《料敌》《治兵》《论将》《应变》和《励士》等六篇。

《图国》篇主要论述了战争观问题。它认为，战争起因于“争名”“争利”“积恶”“内乱”和“因饥”。因此，战争可以分作禁暴救乱的“义兵”，恃众凌弱的“强兵”，因怒兴师的“刚兵”，弃礼贪利的“暴兵”和国乱人疲、举事动众的“逆兵”。按照战争性质的不同，它认为可以用礼驾驭“义兵”，以谦逊驾驭“强兵”，以言辞驾驭“刚兵”，以谋诈驾驭“暴兵”，以权力、权变驾驭“逆兵”。以上说法仅就事论事，对现象作了一些分析，而未能透过现象，抓住战争的本质来论述问题，所论不免流于浅显。

该篇既反对恃众好战，也反对只重修德，而废弛武备。它认为只有内修文德，外治武备，才能使国家强盛。

该篇指出，要取得战争的胜利，必须修举“道”“义”“礼”“仁”，用礼教育人民，用义激励人民，使人民有耻辱之心，并要亲和百姓，加强战备，选拔练卒锐士。

值得一提的是，《图国》篇发展了孙武“兵贵胜，不贵久”的思想，提出了取得胜利容易，保持胜利困难，多胜亡国，少胜方可得天下的观点。这一观点对以追求战胜为目的的种种军事理论进行了深刻的批判，实属难能可贵。

《料敌》篇主要讲如何判断敌情，因敌制胜的问题。

该篇先从齐、秦、楚、燕、三晋诸国的政治、经济、军事、地理和人民的心理、性格的不同所造成的作战特点出发，提出了与之一一

相应的击破敌军的不同原则。

接着，又提出在八种敌军处于困境的情况下，要抓住战机，迅速发起攻击；在另外六种情况下，则要避免与敌作战。

最后，在上述基础上，它提出了通过观察敌军的外在表现以了解其内情，审察敌军的虚实以攻击其要害的原则。这种从现象到本质，全面察明敌情而乘敌之隙的作战方法无论在理论上还是在实践上，都是正确的。

《治兵》篇主要论述如何治军。指出战争的胜负不是取决于军队人数的多少，而是取决于军队治理与否，即是否法令严明，赏罚必信，打不散，拖不垮。治理产生于进退有节度，饮食适时适当，人马体力充沛，足以保持旺盛的战斗力，胜任并完成其任务。此外，临阵还必须避免犹豫不决。平时必须重视军事训练，包括战阵的排练、演习，矛戟弓弩等兵器和旌旗金鼓的配备使用，军伍的编制和按号令统一行动，以及战马的驯养，装备的保养和骑兵的训练。

《论将》篇主要论述将帅的重要和对将帅素质的要求。

该篇指出，将帅是全军的统帅，必须刚柔兼备。勇敢并非决定某人能否担任将帅的唯一标准，只是将帅所应具备的品质之一。将帅必须注重和做到：治理大军就像治理小部队；出门处处严加戒备，如临大敌；临阵破敌，不怀生还之念；初战告捷，仍慎终若始，小心如初；法令简约而不烦琐。

该篇认为，将帅必须依靠金鼓旗帜和禁令刑罚来治军和指挥作战。良将应具备“威”“德”“仁”“勇”四项条件，足以统率部下，安抚大众。良将还应把握战争的四个关键：即懂得使全军保持高昂的士气；懂得利用地形，据守险要；懂得使用间谍和计谋，以分散敌人的

力量，制造、加剧其内部矛盾；懂得充实部队的装备，加强其战斗力。这是指挥作战的关键，是不可违背的科学规律。

该篇又指出，用兵作战的要点是必须先预测敌方的统帅，通过试探性的军事行动观察其才能，根据具体情况，因事制宜，采取相应的行动。只要做到这些，即可轻而易举地战胜敌人。

《应变》篇阐述了在不同情况下的应变之术和作战方法。

该篇首先指出，在突然与敌遭遇的情况下，若我军车坚马壮，兵强将勇，全军只要听从号令，统一行动，诛杀不服从命令者，就可战无不胜，攻无不克。若敌众我寡，则应避开开阔地，抢占险阻，迎击敌军。

接着，又分别论述了在各种具体情况下的不同作战方法。

例如敌军勇武善战，人数众多，又据守险要，粮草充足，就应派遣间谍了解敌情，诱敌出战，分兵合围，加以歼灭。又如敌军逼近，我军无路可走；或敌众我寡，猝然遇敌于山谷险阻之间；或遇敌于两山夹峙，进退两难的狭窄地带；或遇敌于大泽之滨，车骑不可用，舟船又没有；或阴雨连绵，车马陷入泥水中，四面为敌军所包围；或强寇突至，掠取我田野和牛羊，则应采取相应的作战方法，以战胜敌人。

最后，该篇对攻破敌国城邑后的行动准则，提出了自己的看法。它主张在攻占敌国城邑后，应入居其宫室，任用其官吏，没收其器物。军队所至之处，不得砍伐树木、侵入房屋、强取粮食、滥杀牲畜、烧毁其积聚，以示无残民之心，并应招降、安抚其人民。

《励士》篇主要讲述如何激励士气。

该篇认为，国君必须做到：发号施令而人人乐闻，兴师动众而人人乐战，交兵接刃而人人乐死。这就是孙武所说的使人民与国君同心

同意。而要实现上述目标，就应尊崇有功，论功行赏，优待战死者的家属，激励无功者立功受奖。

《吴子》与《孙子兵法》同是我国古代文化中的一份珍贵的遗产，该书所论及的一些军事理论和方法，对战国以后的历代军事家均有较深的影响，至今仍有其不可抹杀的科学价值。

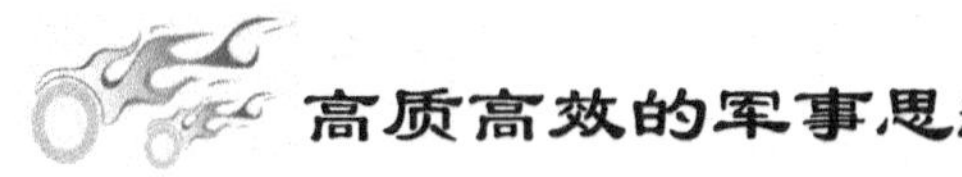

高质高效的军事思想

一、进步的战争观

“战争——从有私有财产和有阶级以来就开始了的，用以解决阶级和阶级、民族和民族、国家和国家、政治集团和政治集团之间，在一定发展阶段上的矛盾的一种最高的斗争形式。”（《毛泽东选集》第一卷 164 页）在阶级社会里，由于阶级地位不同，对待战争的看法也就不同。吴起的战争观是为新兴地主阶级服务的，是进步的。

在战争的起源问题上，吴起力图从社会方面去寻找原因。他说：“凡兵所起者有五：一曰争名，二曰争利，三曰积恶，四曰内乱，五曰因饥。”（《吴子·图国》）

吴起认为战争是一种社会现象，对战争的根源作了论述。这在世界军事史上对战争根源的探索是最早的。当然，吴起这种看法还停留在表面上。他对“争名”“争利”“积恶”“内乱”，是何原因引起，“因饥”的根源何在？并没有深入分析。列宁说：“私有制引起了战争，并且永远会引起战争。”（《列宁全集》第三十卷第360页）又说：“当阶级统治还存在的时候，战争是不会消除的。”（《列宁全集》第八卷第35页）吴起由于他的阶级和历史的局限性，不可能认识到战争的真正根源，也找不到消灭战争的途径。但是，他从社会方面去寻找战争产生的原因，在当时还是有进步意义的。

在战争与政治的关系上，强调把政治放在首位。他说：“昔承桑氏之君，修德废武，以灭其国；有扈氏之君，恃众好勇，以丧其社稷。”（《吴子·图国》）

意即一个国君若是只讲求文德而废弃武备，或者依仗兵多能战，都会亡国。要使国家治理得好，必须既要重视政治，也要重视军事。从这个思想出发，吴起在西河一方面注重军事改革，一方面从事政治、经济的改革，为魏国的富强奠定了基础。吴起从战争实践中认识到，只有一支训练有素的军队还不够，还必须有安定的后方，因此，他说：“必先教百姓而亲万民。”只有国内人民和前方军队团结一致，才能打胜仗。

他主张：“有道之主，将用其民，先和而造大事。”（《吴子·图国》）

他又说：“不和于国，不可以出军；不和于军，不可以出陈；不和于陈，不可以进战；不和于战，不可以决胜。”（《吴子·图国》）

就是说，国内各种意见不统一，不可以出兵打仗；军队内部不团

结，不可以出阵作战；出阵以后，军队不互相配合，不可以进行战斗；进行战斗以后，各部分战斗动作不协调，不能夺取胜利。他还进一步说："百姓皆是吾君而非邻国，则战已胜矣。"（《吴子·图国》）吴起阐明了国家、军队和人民三者的关系，并认为人心向背是军事上取得胜败的关键。总而言之，就是政治决定军事。

在如何统一中国的问题上，吴起主张只有用武力才能达到目的。在这一点上，他与儒家思想是不一致的。吴起的这种思想，对稍后的孙膑"举兵绳之""战胜而强立，故天下服矣"（《孙膑兵法·见威王》）这一主张有直接的影响。

吴起一方面看到了战争的重大作用，同时也看到了战争给人民带来的痛苦和灾难，因此他认为对待战争要持慎重态度，反对轻率发动战争。他总结历史上战争的经验，说："天下战国，五胜者祸，四胜者弊，三胜者霸，二胜者王，一胜者帝。是以数胜而得天下者稀，以亡者众。"（《吴子·图国》）

经常轻率发动战争，就会耗费大量人力物力，从而使人民疲惫不堪，国家贫弱，而且会招来祸患。因此，多次发动战争而取得天下的少，亡国的多。比吴起稍早的军事家孙武也说："兵者，国之大事，死生之地，存亡之道，不可不察也。"（《孙子兵法·计篇》）可见吴起继承了孙武的思想，并有所发展。这对比他稍晚的军事家孙膑也有所影响。孙膑看到了战争的胜负决定国家存亡的一面，同时又指出："乐兵者亡，而利胜者辱。兵非所乐也，而胜非所利也。"（《孙膑兵法·见威王》）

由此可以明显地看出他们之间思想的继承关系。

二、朴素唯物论和朴素辩证法的战略战术思想

毛泽东同志在《矛盾论》中指出："辩证法的宇宙观，不论在中国，在欧洲，在古代就产生了。但是古代的辩证法带着自发的朴素的性质。"吴起的战略战术思想，可以说是古代自发的朴素唯物主义和朴素辩证法在军事上的运用。

吴起从战国时代频繁的战争形势出发，认识到随时都有爆发战争的可能。因此，他在战略上很重视战争的准备。他说："夫安国家之道，先戒为宝。"（《吴子·料敌》）要使国家安全，先要在平时做好战争的准备。他说：

"简募良材，以备不虞。昔齐桓募士五万，以霸诸侯。晋文召为前行四万，以获其志；秦缪置陷陈三万，以服邻国。"（《吴子·图国》）

对于军队，吴起主张"教戒为先"（《吴子·治兵》），注意平时训练。他指出："备者，出门如见敌。"（《吴子·论将》）这些战备思想，反映了他为建立和巩固新兴地主阶级的政权所持有的积极进取态度。

吴起在指挥作战时摒弃唯心主义的主观臆断，从朴素唯物主义观点出发，十分重视了解敌方的情况。他指出"用兵必须审敌虚实而趋其危"（《吴子·料敌》）。就是说，只有清楚敌人的力量部署情况，才能选择其薄弱环节狠狠打击。为了了解对方情况，吴起非常重视使用间谍，深入敌后搜集敌方各种情报，"急行间谍，以观其虑"（《吴子·料敌》）。同时，在战场上还注意采用武力侦察的办法。《吴子·论将》记载：

武侯问曰："两军相望，不知其将，我欲相之，其术如何？"起对曰："令贱而勇者，将轻锐以尝之，务于北，无务于得，观敌之来，一坐一起；其政以理；其追北佯为不及，其见利佯为不知。如此将者，名为智将，勿与战矣。若其众谨哗，旌旗烦乱，其卒自行自止，其兵或纵或横，其追北恐不及，见利恐不得，此为愚将，虽众可获。”

即派出一支小分队去佯攻敌人，而又假装败退，引诱敌人来追击，从敌人追击的情况来观察其虚实，然后决定对策。

吴起说：“臣请论六国之俗，夫齐陈重而不坚，秦陈散而自斗，楚陈整而不久，燕陈守而不走，三晋陈治而不用。”（《吴子·料敌》）

从吴起对六国军队状况的分析，可以看出他对各国政治、经济、军事和民情风俗的了解都是相当清楚的。吴起重视调查研究，显然是继承了前辈军事家孙武“知己知彼，百战不殆”的思想。吴起注重使自己对战争的主观指导，力图符合于客观实际的卓越见解，对引导战争取得胜利，有极其重要的意义。

吴起经常带兵打仗，很懂得在战争中发挥人的主观能动作用。他认为在战争中，人必须努力掌握从事战争的各种技能和适应各种复杂环境的本领。他说：“夫人常死其所不能，败其所不便。”（《吴子·治兵》）即人在战争中，往往因为缺少某种本领而送了性命，因为不习惯于某种情况而打败仗。这种主张是对生死胜败由天定的宿命论的否定。

吴起还看到了土地辽阔，人口众多，军队装备精良等因素对战争的重大作用。对进行战争的重要因素之一的战马，吴起也很重视，他说：

“夫马，必安其处所，适其水草，节其饥饱。冬则温厩，夏则凉庑。刻剔毛鬣，谨落四下。戢其耳目，无令惊骇。习其驰逐，闲其进止。”（《吴子·治兵》）

又说：

“凡马，不伤于末，必伤于始，不伤于饥，必伤于饱。日暮道远，必数上下。宁劳于人，慎无劳马。常令有余，备敌覆我。”（《吴子·治兵》）

这就是说，对战马要善于饲养、训练和爱护，以达到“人马相亲，然后可使”。他注意到人、马、车、地形等在战争中的相互关系，提出：

“使地轻马，马轻车，车轻人，人轻战。明知险易，则地轻马。刍秣以时，则马轻车。膏锏有余，则车轻人。锋锐甲坚，则人轻战。”（《吴子·治兵》）

即明白知道地形的险易，并善于利用，就能使地形便于跑马；及时喂马，使之膘肥体壮，马就便于驾战车；准备好足够的润滑油和车轴上用的铁，注意及时修理，就使车便于载战士；兵器锋锐，铠甲坚固，就使战士便于作战。只有这样，打起仗来才得心应手。

在战争中的攻、守、进、退，要根据变化的客观实际而定。吴起在频繁的战争中积累了丰富的经验，熟练地掌握了指挥战争的艺术。他提出了“急击勿疑”的十三种情况：

“敌人远来新至，行列未定，可击。既食，未设备，可击。奔走，可击。勤劳，可击。未得地利，可击。失时不从，可击。旌旗乱动，可击。涉长道，后行未息，可击。涉水半渡，可击。险道狭路，可击。陈数移动，可击。将离士卒，可击。心怖，可击。凡若此者，选锐冲之，分兵继之，急击勿疑。”（《吴子·料敌》）

这就是说，敌人远道而来，刚刚到达，队伍还没有整顿好；部队已吃饭，但还没有设戒备；慌忙逃走；过于疲劳；没有占据有利的地

形，失掉战机，陷于被动；旗帜乱动，部队混乱；长途跋涉而后继部队还没有到达目的地；涉水渡河只渡一半；在险要的狭窄道路上行军；部队的阵势频繁变动；将领脱离了士卒；军心恐怖。凡是碰到以上情况，应选择精锐的部队作前锋，同时配备力量进行包围，毫不犹豫地迅速发动进攻。

吴起反对在战争中莽撞蛮干，主张“见可而进，知难而退”。分析了碰到有利时机“击之勿疑”的八种情况：

“一曰，疾风大寒，早兴寤迁，刊木济水，不惮艰难；二曰，盛夏炎热，晏兴无间，行驱饥渴，务于取远；三曰，师既淹久，粮食无有，百姓怨怒，妖祥数起，上不能止；四曰，军资既竭，薪刍既寡，天多阴雨，欲掠无所；五曰，徒众不多，水地不利，人马疾疫，四邻不至；六曰，道远日暮，士众劳惧，倦而未食，解甲而息；七曰，将薄吏轻，士卒不固，三军数惊，师徒无助；八曰，陈而未定，舍而未毕，行阪涉险，半隐半出。”（《吴子·料敌》）

即一是大风严寒，军队半夜出发，昼夜行军，伐木渡河，不顾士卒艰难；二是在炎热的夏天，队伍出发得迟，正好烈日当头，行军又急，不管士卒饥渴，只是拼命赶路；三是队伍在外时间很久，粮食吃完，民众埋怨甚至愤怒，淫言怪事屡次出现，而将领无法禁止；四是部队的物资耗尽，连柴草也很少，却遇上阴雨天气，想掠抢又没有地方；五是战士不多，水土不服，兵马生病，四邻的援兵未到；六是长途跋涉，已近黄昏，士卒疲劳恐惧又不得食，都脱下铠甲随地休息；七是将领和官吏都没有威信，士卒心神不定，全军多次发生惊乱，而部队孤立无援；八是兵力部署未定，宿营地也未安排好，爬山过险，只有一半人通过。凡是遇到以上情况，不用占卜就应立即派兵出击。

吴起还分析了遇到形势不利时“避之勿疑”的六种情况：“一曰，土地广大，人民富众；二曰，上爱其下，惠施流布；三曰，赏信刑察，发必得时；四曰，陈功居列，任贤使能；五曰，师徒之众，兵甲之精；六曰，四邻之助，大国之援。”（《吴子·料敌》）

这就是说，在作战时要避敌之所长，击敌之所短。

另外，吴起从实战出发，对行军和扎营提出了一些必须注意的事项：“凡行军之道，无犯进止之节，无失饮食之适，无绝人马之力。此三者，可以任其上令。任其上令，则治之所由生也。”（《吴子·治兵》）

这是说，行军中对行程、人马的负荷要安排得当，饮食供应要搞好，这样才能保证军队听从上级的指挥，从而保证军队的战斗力。吴起十分重视对地形的了解，认为：“凡行师越境，必审地形，审知主客之向背。地形若不悉知，往必败矣。”（《太平御览》）卷三三二，兵部六三）

他指出，军队到一个地方，必须先了解周围“五十里内的山川形势”从而“知其险易”，“使军士伺其伏兵，将必自行，视地之势因而图之”。即使军士注意是否有敌人的埋伏，而将领则要利用地形以对付敌人。吴起还提出，军队驻扎“无当天灶，无当龙头。天灶者，大谷之口；龙头者，大山之端”（《吴子·治兵》）。即扎营不要在大山谷的口上和高山的顶端。

以上这些都是从实践中总结出来的战争规律，它反映了吴起从客观实际出发的朴素唯物主义思想。

在吴起的战略战术思想中，许多地方闪烁着朴素辩证法的思想光辉。吴起说：

“凡战之要，必先占其将而察其才。因形用权，则不劳而功举。”（《吴子·论将》

他认为带兵作战必须首先分析研究敌人的将领，根据不同的情况，决定不同的对策，这样就能不费多大力气而获得成功。这是对孙武用“水无常形”来比喻“兵无常形”，依据敌兵的变化而变化，从而夺取胜利的思想的继承和发展。

在如何对待生与死的问题上，吴起非常鄙视在战场上贪生怕死、当逃兵的可耻行为。他主张在战场上“必死则生，幸生则死”（《吴子·治兵》），阐明了战场上生与死的辩证关系，只有不怕牺牲，勇敢战斗，夺取胜利才能保存自己，而贪生怕死，不敢杀敌，结果必然失败，招致灭亡。因此，吴起在他的军队里提倡不怕死的精神。他说：“师出之日，有死之荣，无生之辱。”（《吴子·论将》）即从出兵打仗的第一天起，就要使战士抱定战死的信念，而不要怀有苟且偷生的耻辱思想。在战斗过程中，要使战士“进死为荣，退生为辱”（《吴子·图国》）。即以前进杀敌、英勇牺牲为荣誉，以后退活命为羞耻。《战国策·齐策》谈到齐国军队在燕破齐连取七十余城，虽然“食人炊骨”处境十分困难，但“士无反北之心”，坚持战斗到底。认为这样的军队就是“孙膑、吴起之兵也”。可见吴起的军队顽强战斗的精神，在当时是很有名的。

在多与少的问题上，吴起有不少精辟的论述。他认为以少可以胜多，《吴子·料敌》说：“一军之中，必有虎贲之士；力轻扛鼎，足轻戎马，搴旗取将，必有能者。若此之等，选而别之，爱而贵之，是谓军令。其有工用五兵，材力健疾，志在吞敌者，必加其爵列，可以决胜。厚其父母妻子，劝赏畏罚。此坚陈之士，可与持久，能审料此，

可以击倍。

只要军队治理得好，善于选拔贤能，赏罚分明，优待家属，这样，部队就可以打败数倍于我的敌人。吴起分析说："诸侯大会，君臣未和，沟垒未成，禁令未施，三军匈匈，欲前不能，欲去不敢，以半击倍，百战不殆。"（《吴子·料敌》）

敌人如果没有同盟军会合，君臣之间意见不一致，深沟堡垒没有修筑好，号令没有下达，军队人心惶惶，想进不敢进，想退不敢退，这样的军队只要用相当于它的一半的兵力就能打败它，而且能百战百胜。他又说："敌人之来，荡荡无虑，旌旗烦乱，人马数顾，一可击十，必使无措。（《吴子·料敌》）

倘若敌人前来，散散漫漫，毫无纪律，队伍混乱，人马不安，东张西望，这样的军队便可以一击十，使之毫无所措。吴起认为，"愚将，虽众可获"（《吴子·论将》）。即如果将领不善于指挥，虽然带兵多，也容易被俘虏。吴起说："用少者务隘。"他重视利用有利的地形，从而造成以少胜多的条件。他说，只要"避之于易，邀之于厄"，即避开平坦开阔之地，而利用险要的地形，就可以"以一击十""以十击百""以千击万"（《吴子·应变》）。由此可见，吴起从他丰富的作战经验中，看到了多和少的辩证关系。他把这些朴素的辩证法思想运用到军事实践中，创造了五万人"兼车五百乘，骑三千匹，而破秦五十万众"（《吴子·励士》）的以少胜多的典型战例。所以人们称颂"吴起之用兵也，不过五万"（《吕氏春秋·用民》）。尉缭子说："有提七万之众，而天下莫当者谁？曰吴起也。"（《尉缭子·制谈第三》）据杨宽统计："战国时代，各大国的兵额就有三十万至一百万之多。"（《战国史》1980 年 7 月第一版第 285~286 页）吴起的五万、七万之

数，可以说得上是精兵，而用之可以抵御强秦。可见其军事艺术在当时达到了很高的水平。

总之，吴起进步的战争观，朴素的唯物主义和朴素辩证法的战略战术思想，在我国军事史上占有重要地位。

广览博取的历史态度

吴起不仅是我国战国前期杰出的政治军事改革家，而且还是一位杰出的历史学家，在我国史学发展史上占有一席之地。

一、吴起在《左传》的编撰成书以及传授过程中所起的作用

《左传》一书的作者是谁？史学界历来众说纷纭，莫衷一是，至今没有得到彻底解决。本文对此不作专门讨论，仅就吴起与《左传》究竟为何种关系这一问题，在前人研究的基础上略抒己见。

最早把吴起与《左传》的作者联系起来考察的是姚鼐，他在《左氏补注序》中认为：“《左氏书》非出一人，累有附益，而由吴起之徒为之者盖尤多。”姚鼐既不排斥左丘明对于《左传》有“草创之功”，又特别强调《左传》的编撰增补工作主要是由吴起等人所为。

近人童书业赞同并进一步论证了姚氏的观点，他在《〈春秋左传〉

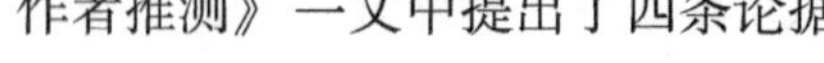

作者推测》一文中提出了四条论据：

“（一）就本书所表现之生产技术、生产关系、阶级斗争、政治制度、文化形态等观察，基本符合春秋时代之现象。知撰作此书必有大量春秋时代史料为依据，作者离春秋时代当不远。

（二）就本书所反映作者之学识观点而言，其人当为儒家后学，而有少量早期法家思想，于军事甚感兴趣，似长于兵家之学。

（三）作者似与鲁国有关，故本书记鲁事较详而可信。于列国则扬晋、楚而抑齐、秦，张大楚国之事尤多，则其人亦必与晋、楚有关，而与楚之关系尤密。于内政，鲁则尊季氏而抑公室（如仲子事及成季、成风故事皆被隐晦而曲解）。齐则扬陈氏而抑有显名之齐景公。晋亦扬臣抑君，‘于魏氏事造饰尤甚’。楚乃尊君抑臣，穆王杀父，共王丧师，灵王骄侈，平王昏庸，昭王失国，皆有奖辞，而大臣若屈瑕、子玉、子反、子重、囊瓦辈，悉见贬抑。

（四）本书多预言，最晚一事为僖公三十一年‘卫迁于帝丘，卜曰三百年’。僖三十一年（公元前六二九年）下数三百年为魏惠王后元六年（公元前三二九年），此时正有子南劲取卫之事……余所为预言亦多应验于春秋末至战国前期，然则本书当即在战国前期大体写定。”

根据以上考证，童书业先生认为姚鼐所说《左传》一书：“‘吴起之徒为之者盖尤多’似非妄说。”并且进而得出结论：“（《左传》）盖吴起及其先师后学陆续写定，唯吴起之功为多耳。”

以钱穆、郭沫若为代表的一些学者，所持观点与姚鼐、童书业不尽相同，他们认为《左传》成书于吴起而与左丘明无关。钱穆在《先秦诸子系年·吴起传〈左氏春秋〉考》中，从《左传》的预言是否应验来看其成书的年代，进而判定《左传》一书出于吴起而与左丘明没

有关系。

郭沫若也主张《左传》成书于吴起，而非左丘明。他在《青铜时代·述吴起》中认为：“吴起去魏奔楚而任要职，必已早通其国史；既为儒者而曾仕于鲁，当亦读鲁之《春秋》；为卫人而久仕于魏，则晋之《乘》亦当为所娴习；然则所谓《左氏春秋》或《左氏国语》者，可能是吴起就各国史乘加以纂集而成。”

比较姚氏、童氏与钱氏、郭氏的两种观点，我们认为还是以前者更为中肯、可信一些。我国古代一部书的形成与今天大不一样，其突出特点是，作者往往不是一个人，而且在流传过程中又往往有所增补和损佚。考诸先秦古籍，情况大抵如此，《左传》一书似也不例外。明末清初思想家顾炎武认为：“左氏成书者非一人，录之者非一世。”他的这种思想具有一定的朴素唯物史观成分，我们在观察和分析《左传》的作者问题时可以作为参考。姚鼐、童书业等人肯定《左传》不出于一人之手，是经若干人不断增补而成书的，他们既指出吴起对《左传》的成书作出的贡献最大，又没有否定左丘明对《左传》的贡献。左丘明在春秋末期为鲁国史官，因其出身贵族世掌史职，语言文字的素养很高，他具有整理鲁国丰富的历史材料的能力和条件。因此，左丘明很可能是《左传》一书的草创者，并且将它传授了下来。钱穆先生在《先秦诸子系年》中说：“陶潜曰：‘乐正氏传春秋为道，为属辞比事之儒’。

乐正子春乃曾子弟子，传孝道，与曾申同学。陶氏谓其传春秋，亦春秋出曾氏，与吴起有渊源一旁证。”

这里应该补充说明的是，乐正子春与曾申同学于曾子，乐正子春传春秋，曾申也传春秋。吴起学于曾申，也传春秋。这样才好理解

“春秋出曾氏，与吴起有渊源一旁证”的话。从以上分析可以看出，刘向《别录》所讲《左传》的传授关系“左丘明授曾申，申授吴起”是可信的。因此，就目前所掌握的材料而言，我们有理由认为姚鼐、童书业对吴起与《左传》的关系的看法是持平之论。而认为《左传》完全作于吴起的观点，则根据不足。

吴起在《左传》的传授过程中做了承前启后的工作，他大量增补了鲁、三晋和楚的材料，最后编定成书，并传授给他的儿子吴期。因而吴起对于《左传》的成书所起的作用最大，贡献最多。在吴起去世后，《左传》继续流传，又有零星的补充，这就是《左传》书中出现个别吴起死后事记载的原因。但是应当确认，《左传》的编撰成书，主要是在吴起手里完成的。仅仅从这个角度来讲，吴起就不愧是一位历史学家。

二、吴起重视历史经验，并具备作为一个历史学家的主、客观条件

吴起之所以能够在政治上、军事上有所建树，成为在中国历史上“不会磨灭的人物”，是同他重视前人的历史经验分不开的。据载，吴起初到魏国，魏文侯就急于向他求教治国治军的方略，吴起首先从历史上一些著名人物的经验教训谈起：“昔承桑氏之君，修德废武，以灭其国。有扈氏之君，恃众好勇，以丧其社稷。明主鉴兹，必内修文德，外治武备。”（《吴子·图国》）

随后吴起又进一步劝诫魏文侯要注意吸取古时“圣人”“行事立功”“保民业守”的历史经验，他指出：“是以圣人绥之以道，理之以义，动之以礼，抚之以仁。此四德者，修之则兴，废之则衰。故成汤讨桀而夏民喜悦，周武伐纣而殷人不非。举顺天人，故能然矣。”（《吴子·图国》）

魏文侯死后，吴起又辅佐其子魏武侯。武侯也多次向吴起请教“治兵、料人、固国之道”。吴起仍然采用以古喻今的方法，他对魏武侯说：“古之明王，必谨君臣之礼，饰上下之仪，安集吏民，顺俗而教，简募良材，以备不虞。”（《吴子·图国》）

有一次，魏武侯与大臣们商量国事时，因大家的见解都不如他，退朝后面有喜色。吴起进谏说：“昔楚庄王尝谋事，群臣莫能及，退朝而有忧色。申公问曰：‘君有忧色，何也?’曰：‘寡人闻之，世不绝圣，国不乏贤，能得其师者王，能得其友者霸。今寡人不才，而群臣莫及者，楚国其殆矣。’此楚庄王之所忧，而君说之，臣窃惧矣。”《吴子·图国》）

吴起引经据典，如数家珍，不仅能够根据需要随时随处讲述和评价各种历史事件，而且还在治国治军的具体实践中，注意学习、效法包括法家前辈和儒家先贤在内的诸子各派许多思想精华和有用的方略，特别是他在理论上、实践上都继承和发展了春秋时代著名将领孙武、伍子胥等人的兵家思想。由此我们可以窥见吴起作为一位历史学家，在他所处特定的历史条件下所具有的风格和面貌。虽然关于吴起的事迹，很多今已失传，但从现存的古籍中，我们还能找到散见的吴起重视历史、注意吸取历史经验的许多具体言行。

吴起之所以能够熟练地掌握各种历史知识，并且在史学著述上取得重大成就，其原因是多方面的。从主观条件上看，首先是他能广览博取，注意吸收各家学派的思想，并且具有良好的儒学基础。吴起青年时代就好学深思，在鲁国时曾师事著名儒家学者曾子的儿子曾申，学习和掌握了儒家的经典。后来他又辗转魏、楚等国，研究兵法，撰写兵书，成为当时最著名的兵家学者。他还在魏国和楚国推行法治，

吸取了不少法家思想。吴起一生的经历，决定了他身上同时具备各家学派的特征。今本《吴子·图国》中第一句就是："吴起儒服以兵机见魏文侯。"该书后面又记载吴起同魏文侯大谈所谓道、义、礼、仁"四德"，可见吴起在入魏为将之后，儒家思想的烙印仍然十分明显。吴起的军事思想中，不仅有法家思想的成分，而且也有儒家思想及其他学派思想的成分，这种不拘泥于师承门派，对各家学说兼容并包的风度和气质，不能不说是吴起成为史学家的一个重要的条件。

《说苑·建本篇》记载："魏武侯问元年于吴子。"吴起大讲了一通"《春秋》之意""元年之本"的道理，可知吴起对于《春秋》之学也是有其特长的，否则魏武侯不会以这样的问题问他，而吴起也讲不出那套大道理来。这是吴起讲授和编撰史籍的又一有利条件。

吴起一生最主要事业和成就在军事方面，他身经百战，打过许多胜仗。青年时代，他在鲁国为将，率军打败了强大的齐国，创造了以少胜多的战例。之后他被谗出走到魏国，为魏镇守西河，打了许多漂亮仗，积累了丰富的实战经验，并且在此基础上写成了《吴起兵法》，吴起在军事实践和军事理论上的建树，对于他大量、生动地描写战争是一个不可多得的优越条件。

从客观条件上看，首先是吴起一生经历了卫、鲁、魏、楚诸国，而这些国家都有丰富的历史材料。其中卫国虽然弱小，但文化却始终比较先进。而鲁国的学术风气则更浓，关于史料的整理有着良好的基础，特别有左丘明初步编撰的《左传》。魏国是三晋之一，而且在战国初期处于首强地位，由于国家的强盛、经济的发展以及地处中原为天下交通要冲等有利条件，文化也十分发达。西晋太康二年（281 年）在汲郡（今河南汲县）发掘的一座战国魏墓中，发现了大批的竹简即著

名的《竹书纪年》，它保存了魏国历史的大量直接记录。有些学者认为这座古冢就是魏襄王或魏安釐王之墓，虽然他们的判断未必能够成立，但是从《竹书纪年》的内容来看，应当肯定发掘出这些竹简的墓就是魏襄王时魏国某个重要人物的墓。由此可知，魏国的史籍也是非常丰富的。楚国虽然地处偏远的南方，但是至战国初期与中原各国的经济文化交流已逐渐增多，近年来的考古发掘也证明楚文化并不比中原地区的文化落后许多，而是大致同步发展的。楚国也有自己丰富的历史文献。据《左传·昭公十二年》记载，楚国的史官倚相能读“《三坟》《五典》《八索》《九丘》”，可见史籍颇多，而《梼杌》则是专门记载楚史的史书。所有这些，吴起都是有条件有可能涉猎的。

其次，吴起有研究历史、著述史书的充裕时间。吴起在魏国历经文侯、武侯两代，共二十七年，其中镇守西河长达二十三年之久。镇守西河期间主要是带兵打仗，但闲暇之时有充裕的时间从事研究和编撰历史书籍的工作。据雷学淇《介庵经学》记载：“吴起以《左传》传子期，魏人多与闻者，故襄王时史臣述《纪年》，师春言卜筮，石申言天象，多与《左传》符同。”

从这里可以看出，《左传》与魏国的关系十分密切。吴起编写和传授《左传》是在魏国期间，他在传授给其子吴期时，还有其他的人也知道，可证吴起编写和传授《左传》等史书是完全可信的。吴起由魏国入楚国以后，在楚悼王的支持下进行变法，他身负重任，主持改革，没有更多的时候编撰史书，但是他仍然可以利用其为楚国令尹的有利条件，对楚国的历史资料进行研究，以充实《左传》中关于楚史的部分。这就是在《左传》里鲁、三晋、楚等国的记载比较翔实的原因。鉴于吴起具备了作为历史学家的主、客观条件，而从现存的各种

古籍中，又可以找到大量吴起重视历史经验的记载，因此我们认为，在当时的历史条件下，吴起作为一名历史学家是毫无疑义的。

三、关于《左氏春秋》的得名

我们在确认吴起为历史学家后，还需要解决两个与吴起直接相关的史学问题。《左传》即《左氏春秋》既然主要是吴起所编撰的，其书名的来源是否也与吴起有直接的联系呢？这是一个长期争论和值得研究的课题。章太炎据《韩非子·外储说右上》所说："吴起，左氏中人也。"在其《春秋左传读》一书中认为："《左氏春秋》者，因以左公名，或亦因吴起传其学，故名曰《左氏春秋》……以左氏名春秋者，以地名也，则犹齐诗、鲁诗之比与？或曰：本因左公得名，乃吴起传之，又传其子期，而起所居之地为左氏，学者群居焉（犹齐之稷下），因名其曰左氏。"

其后，钱穆的《先秦诸子系年》袭其说，认为《左氏春秋》的得名，"即以吴起为左氏人故称，而后人因误以为左姓者耶？"郭沫若的《青铜时代·述吴起》则进一步认为："吴起乃卫左氏人，以其乡邑为名，故其书冠以'左氏'。后人因有'左氏'，故以左丘明当之。而传授系统中又不能忘情于吴起，怕就是因为这样的缘故吧。"

童书业的《春秋左传研究》对于《韩非子·外储说右上》"吴起，卫左氏中人也"的话，作了更直截了当的解释："此《左氏传》名称之所由来邪。"

学术界名家的主张大同小异，都如是说，这个问题似乎已成定论。我们则认为，这个课题并未得到彻底解决，诸家的解释也不能令人完全信服，还有待于深入研究。吴起虽然确为卫国左氏人，但在卫国时吴起并没有接触《左传》，《韩非子》所说吴起是左氏人的一段记述，

是讲吴起在卫出妻的事。此时，吴起正值青年，虽有大志，但还没有与儒家及其他学派发生关系。据《史记·孙子吴起列传》记载，吴起在卫“其少时，家累千金，游仕不遂，遂破其家，乡党笑之，吴起杀其谤己者三十余人，而东出卫郭门”。由此看来，吴起少年时代未曾学儒，青年时代在卫也没当官，并不得志，且杀人后从卫国出走了。到鲁国时吴起才师事曾申，与儒家建立了联系。他接触《左传》原书亦当在鲁国之时。刘向《别录》所说《左氏春秋》的传授关系“左丘明授曾申，申授吴起”，与吴起本身的经历相符。因此我们可以得出结论，《左氏春秋》并不是因为吴起为左氏人而得名，两者之间没有直接的关系。

本文前已论及，我们认为姚鼐、童书业关于《左传》作者的意见最为合理，即《左传》主要成书于吴起，而左丘明实有草创之功。所以《左氏春秋》一书的得名，当因左丘明之故。

吴起作为历史学家既然参与了史籍的编撰及讲授工作，那么他是否曾为史官、是否就是某些古书上记载的史起呢？这也是一个需要弄清的问题，郭沫若说：“我还疑心吴起在魏文侯时曾经做过魏国的史官，魏文侯时有一位史起，大约就是吴起。”他的这个观点来源于《吕氏春秋·乐成篇》和孔颖达《左传·襄公二十五年·正义》。为了把问题考辨清楚，我们照录《吕氏春秋·乐成篇》和孔颖达《左传·襄公二十五年·正义》的两段有关文字如下：

魏襄王与群臣饮，酒酣，王为群臣祝，令群臣皆得志。史起兴而对曰：“群臣或贤或不肖，贤者得志则可，不肖者得志则不可。”王曰：“皆如西门豹之为人臣也”。史起对曰：“魏氏之行田也以百亩，邺独二百亩，是田恶也。漳水在其旁而西门豹弗知用，是其愚也；知

而弗言，是不忠也。愚与不忠，不可效也。”魏王无以应之。明日，召史起而问焉，曰：“漳水可以灌邺田乎？”史起对曰：“可。”王曰：“子何不为寡人为之？”史起曰：“臣恐王之不能为也。”王曰：“子诚能为寡人为之，寡人尽听子矣。”史起敬诺，言之于王曰：“臣为之，民必大怨臣。大者死，其次乃藉臣。臣虽死藉，愿王之使他人遂之也。”王曰：“诺。”使之为邺令。史起因往为之。邺民大怨，欲藉史起。史起不敢出而避之。王乃使他人遂为之。水已行，民大得其利，相与歌之曰：“邺有圣令，时为史公，决漳水，灌邺旁，终古斥卤，生之稻粱。”使民知可与不可。则无所用矣。贤主忠臣，不能导愚教陋，则名不冠后、实不及世矣。史起非不知化也，以忠于主也。魏襄王可谓能决善矣。诚能决善，众虽喧哗而弗为变。功之难立也，其必由汹汹邪。国之残亡，亦犹此也。故汹汹之中，不可不味也。中主以之汹汹也止善，贤主以之汹汹也立功。（《吕氏春秋·乐成篇》）

《吕氏春秋》称魏文侯时，吴起为邺令，引漳水以灌田。民歌之曰：“决漳水兮灌邺旁，终古斥卤生稻粱。”（《左传·襄公二十五年·正义》）

比较这两段引文后可以看出，显然是孔颖达把《吕氏春秋·乐成篇》中的魏襄王改为魏文侯、史起改成了吴起。这两处修改，前一处看来是正确的。

但是，孔颖达改史起为吴起却是不对的，此处很可能是孔氏的笔误，“史”与“吴”形近而误，阮元《校勘记》之说是正确的。将“史”字误为“吴”字，不只孔颖达一人，还有《太平御览》四百六十五条一段文字可资证明：“邺有圣令为吴公，决漳水灌邺旁，终古斥卤生稻粱。”

这就是把“史”字误为“吴”字的一例。陈其猷先生《吕氏春秋校释·乐成篇》第1001页注〔四二〕说：“疑‘吴’为‘史’误，在‘为’字下，错倒于上耳。”《太平御览》中还有多处引用前面我们抄录的那句话，足证陈其猷之说是合理的。如果把那句话更正过来就是：“邺有圣令为史公”，这就和《吕氏春秋》所记一致了。可见“史”“吴”形近而误之说是有道理的。

我们再从吴起在魏国的记载看，《史记·孙子吴起列传》说，吴起到魏以后“魏文侯以为将，于是击秦，拔五城”。这就是说，吴起从鲁国到魏国后，很快得到重用，为将击秦，攻占西河。接着参加了伐中山国的战争，之后即任西河守。吴起守西河是他在魏国的主要事业，长达二十三年之久。《史记》等书都没有讲吴起治邺的事，西河与邺相隔甚远，吴起不可能在任西河守时兼任邺令。另外，吴起是否担任过魏文侯的史官呢？《史记》等书中也无记载。当然，吴起在鲁国师事曾申，学习《左氏春秋》，具有史官之才，这是客观事实。但吴起既没有任邺令，也没有任魏文侯的史官，则史起就不是吴起。再说，史起也不一定因为有“史”字就必定是史官，如春秋时期卫国大夫史鱼，就不是史官。因此，仅据孔颖达《春秋左传正义》一条不太可靠的材料，是不能证明史起就是吴起的，我们认为史起并非吴起而当另有其人。

史起治邺是在西门豹之前，西门豹集引漳灌邺之大成，在历史上受到人民的歌颂是应该的。但是史起初创引漳灌邺的功绩，后人也没有忘记。《吕氏春秋·乐成篇》首先记载了他的事迹，之后《汉书·沟洫志》《北堂书钞》《艺文类聚》相继记载了歌颂史起的民歌，《太平御览》六十四、八百二十一、八百三十九、八百四十二条也均

有记载。另外，明万历年间在《重修万金渠闸记》中也说："邺旧有万金渠，实西门豹、史起二公遗迹在焉。"总之，史起只是首创引漳灌邺有功的历史人物，与吴起并不是一个人。有关史起的事迹文献记载比较缺乏，还有待于今后的考古发掘来解决问题。

由上可知，吴起不仅是战国初期杰出的军事思想家和政治改革家，也是一位历史学家。

附录一

史记·孙子吴起列传

吴起者，卫人也，好用兵。尝学于曾子，事鲁君。齐人攻鲁，鲁欲将吴起，吴起取齐女为妻，而鲁疑之。吴起于是欲就名，遂杀其妻，以明不与齐也。鲁卒以为将。将而攻齐，大破之。

鲁人或恶吴起曰：“起之为人，猜忍人也。其少时，家累千金，游仕不遂，遂破其家。乡党笑之，吴起杀其谤己者三十余人，而东出卫郭门。与其母诀，啮臂而盟曰：‘起不为卿相，不复入卫。’遂事曾子，居顷之，其母死，起终不归。曾子薄之，而与起绝。起乃之鲁，学兵法以事鲁君。鲁君疑之，起杀妻以求将。夫鲁小国，而有战胜之名，则诸侯图鲁矣。且鲁卫兄弟之国也，而君用起，则是弃卫。”鲁君疑之，谢吴起。

吴起于是闻魏文侯贤，欲事之。文侯问李克曰：“吴起何如人哉?”李克曰：“起贪而好色，然用兵司马穰苴不能过也。”

于是魏文侯以为将，击秦，拔五城。

起之为将，与士卒最下者同衣食。卧不设席，行不骑乘，亲裹赢粮，与士卒分劳苦。卒有病疽者，起为吮之。卒母闻而哭之。人曰：“子卒也，而将军自吮其疽，何哭为?”母曰：“非然也。往年吴公吮其父，其父战不旋踵，遂死于敌。吴公今又吮其子，妾不知其死所矣。是以哭之。”

文侯以吴起善用兵，廉平，尽能得士心，乃以为西河守，以拒秦、韩。

魏文侯既卒，起事其子武侯。武侯浮西河而下，中流，顾而谓吴

起曰："美哉乎山河之固，此魏国之宝也！"起对曰："在德不在险。昔三苗氏左洞庭，右彭蠡，德义不修，禹灭之。夏桀之居，左河济，右泰华，伊阙在其南，羊肠在其北，修政不仁，汤放之。殷纣之国，左孟门，右太行，常山在其北，大河经其南，修政不德，武王杀之。由此观之，在德不在险。若君不修德，舟中之人尽为敌国也。"武侯曰："善。"

吴起为西河守，甚有声名。魏置相，相田文。吴起不悦，谓田文曰："请与子论功，可乎？"田文曰："可。"起曰："将三军，使士卒乐死，敌国不敢谋，子孰与起？"文曰："不如子。"起曰："治百官，亲万民，实府库，子孰与起？"文曰："不如子。"起曰："守西河而秦兵不敢东向，韩、赵宾从，子孰与起？"文曰："不如子。"起曰："此三者，子皆出吾下，而位加吾上，何也？"文曰："主少国疑，大臣未附，百姓不信，方是之时，属之于子乎？属之于我乎？"起默然良久，曰："属之子矣。"文曰："此乃吾所以居子之上也。"吴起乃自知弗如田文。

田文既死，公叔为相，尚魏公主，而害吴起。公叔之仆曰："起易去也。"公叔曰："奈何？"其仆曰："吴起为人节廉而自喜名也。君因先与武侯言曰：'夫吴起贤人也，而侯之国小，又与强秦壤界，臣窃恐起之无留心也。'武侯即曰：'奈何？'君因谓武侯曰：'试延以公主，起有留心则必受之，无留心则必辞矣。以此卜之。'君因召吴起而与归，即令公主怒而轻君。吴起见公主之贱君也，则必辞。"于是吴起见公主之贱魏相，果辞魏武侯。武侯疑之而弗信也。吴起惧得罪，遂去，即之楚。

楚悼王素闻起贤，至则相楚。明法审令，捐不急之官，废公族疏

远者，以抚养战斗之士。要在强兵，破驰说之言纵横者。于是南平百越，北并陈蔡，却三晋；西伐秦。诸侯患楚之强。故楚之贵戚尽欲害吴起。及悼王死，宗室大臣作乱而攻吴起，吴起走之王尸而伏之，击起之徒因射刺吴起，并中悼王。悼王既葬，太子立，乃使令尹尽诛射吴起而并中王尸者。坐射起而夷宗死者七十余家。

太史公曰：世俗所称师旅，皆道《孙子》十三篇，《吴起兵法》，世多有，故弗论，论其行事所施设者。语曰："能行之者未必能言，能言之者未必能行。"孙子筹策庞涓明矣，然不能早救患于被刑。吴起说武侯以形势不如德，然行之于楚，以刻暴少恩亡其驱。悲夫！

附录二

《吴子》与译文

图国第一

吴起儒服，以兵机见魏文侯。文侯曰：“寡人不好军旅之事。”起曰：“臣以见占隐，以往察来，主君何言与心违。今君四时使斩离皮革，掩以朱漆，画以丹青，烁以犀象。冬日衣之则不温，夏日衣之则不凉。为长戟二丈四尺，短戟一丈二尺。革车奄户，缦轮笼毂，观之以目则不丽，乘之以田则不轻，不识主君安用此也？若以备进战退守，而不求能用者，譬犹伏鸡之搏狸，乳犬之犯虎，虽有斗心，随之死矣。昔承桑氏之君，修德废武，以灭其国；有扈氏之君，恃众好勇，以丧其社稷。明主鉴兹，必内修文德，外治武备。故当敌而不进，无逮于义矣；僵尸而哀之，无逮于仁矣。”于是文侯身自布席，夫人捧觞，醮吴起于庙，立为大将，守西河。与诸侯大战七十六，全胜六十四，余则钧解，开土四面，拓地千里，皆起之功也。

吴子曰：“昔之图国家者必先教百姓而亲万民。有四不和：不和于国，不可以出军；不和于军，不可以出陈；不和于陈，不可以进战；不和于战，不可以决胜。是以有道之主，将用其民，先和而造大事。不敢信其私谋，必告于祖庙，启于元龟，参之天时，吉乃后举。民知君之爱其命，惜其死，若此之至，而与之临难，则士以进死为荣，退生为辱矣。”

吴子曰：“夫道者，所以反本复始。义者，所以行事立功。谋者，所以远害就利。要者，所以保业守成。若行不合道，举不合义，而处大居贵，患必及之。是以圣人绥之以道，理之以义，动之以礼，抚之

以仁。此四德者，修之则兴，废之则衰，故成汤讨桀而夏民喜悦，周武伐纣而殷人不非。举顺天人，故能然矣。”

吴子曰：“凡制国治军，必教之以礼，励之以义，使有耻也。夫人有耻，在大足以战，在小足以守矣。然战胜易，守胜难。故曰：天下战国，五胜者祸，四胜者弊，三胜者霸，二胜者王，一胜者帝。是以数胜得天下者稀，以亡者众。”

吴子曰：“凡兵之所起者有五：一曰争名，二曰争利，三曰积恶，四曰内乱，五曰因饥。其名又有五：一曰义兵，二曰强兵，三曰刚兵，四曰暴兵，五曰逆兵。禁暴救乱曰义，恃众以伐曰强，因怒兴师曰刚，弃礼贪利曰暴，国乱人疲、举事动众曰逆。五者之数，各有其道，义必以礼服，强必以谦服，刚必以辞服，暴必以诈服，逆必以权服。”

武侯问曰：“愿闻治兵、料人固国之道。”起对曰：“古之明王，必谨君臣之礼，饰上下之仪，安集吏民，顺俗而教，简募良材，以备不虞。昔齐桓募士五万，以霸诸侯；晋文召为前行四万，以获其志；秦缪置陷陈三万，以服邻敌。故强国之君，必料其民。民有胆勇气力者，聚为一卒；乐以进战效力，以显其忠勇者，聚为一卒；能逾高超远轻足善走者，聚为一卒；王臣失位而欲见功于上者，聚为一卒；弃城去守，欲除其丑者，聚为一卒。此五者军中之练锐也，有此三千人，内出可以决围，外入可以屠城矣。”

武侯问曰：“愿闻阵必定，守必固，战必胜之道。”起对曰：“立见且可，岂直闻乎！君能使贤者居上，不肖者处下，则陈已定矣。民安其田宅，亲其有司，则守已固矣。百姓皆是吾君而非邻国，则战已胜矣。”

武侯尝谋事，群臣莫能及，罢朝而有喜色。起进曰：“昔楚庄王

尝谋事，群臣莫能及，罢朝而有忧色，申公问曰：‘君有忧色，何也?’曰：‘寡人闻之，世不绝圣，国不乏贤，能得其师者王，能得其友者霸。今寡人不才，而群臣莫及者，楚国其殆矣。’此楚庄王之所忧，而君悦之，臣窃惧矣。”于是武侯有惭色。

料敌第二

武侯谓吴起曰：“今秦胁吾西，楚带吾南，赵冲吾北，齐临吾东，燕绝吾后，韩据吾前，六国兵四守，势甚不便，忧此奈何?”起对曰：“夫安国家之道，先戒为宝。今君已戒，祸其远矣。臣请论六国之俗，夫齐陈重而不坚，秦陈散而自斗，楚陈整而不久，燕陈守而不走，三晋陈治而不用。夫齐性刚，其国富，君臣骄奢而简于细民，其政宽而禄不均，一陈两心，前重后轻，故重而不坚。击此之道，必三分之，猎其左右，胁而从之，其陈可坏；秦性强，其地险，其政严，其赏罚信，其人不让，皆有斗心，故散而自战。击此之道，必先示之以利而引去之。士贪于得而离其将，乘乖猎散，设伏投机，其将可取；楚性弱，其地广，其政骚，其民疲，故整而不久。击此之道，袭乱其屯，先夺其气，轻进速退，弊而劳之，勿与争战，其军可败；燕性悫，其民慎，好勇义，寡诈谋，故守而不走。击此之道，触而迫之，陵而远之，驰而后之，则上疑而下惧，谨我车骑必避之路，其将可虏；三晋者，中国也，其性和，其政平，其民疲于战，习于兵，轻其将，薄其禄，士无死志，故治而不用。击此之道，阻陈而压之，众来则拒之，去则追之，以倦其师，此其势也。然则一军之中，必有虎贲之士；力轻扛鼎，足轻戎马，搴旗取将，必有能者。若此之等，选而别之，爱而贵之，是谓军命。其有工用五兵，材力健疾，志在吞敌者，必加其

爵列，可以决胜。厚其父母妻子，劝赏畏罚，此坚陈之士，可与持久，能审料此，可以击倍。”武侯曰：“善。”

吴子曰：“凡料敌有不卜而于之战者八：一曰，疾风大寒，早兴寤迁，刊木济水，不惮艰难；二曰，盛夏炎热，晏兴无间，行驱饥渴，务于取远；三曰，师既淹久，粮食无有，百姓怨怒，祆祥数起，上不能止；四曰，军资既竭，薪刍既寡，天多阴雨，欲掠无所；五曰，徒众不多，水地不利，人马疾疫，四邻不至；六曰，道远日暮，士众劳惧，倦而未食，解甲而息；七曰，将薄吏轻，士卒不固，三军数惊，师徒无助；八曰，陈而未定，舍而未毕，行阪涉险，半隐半出。诸如此者，击之勿疑。有不占而避之者六：一曰，土地广大，人民富众；二曰，上爱其下，惠施流布；三曰，赏信刑察，发必得时；四曰，陈功居列，任贤使能；五曰，师徒之众，兵甲之精；六曰，四邻之助，大国之援。凡此不如敌人，避之勿疑。所谓见可而进，知难而退也。”

武侯问曰：“吾欲观敌之外以知其内，察其进以知其止，以定胜负，可得闻乎？”起对曰：“敌人之来，荡荡无虑，旌旗烦乱，人马数顾，一可击十，必使无措。诸侯大会，君臣未和，沟垒未成，禁令未施，三军匈匈，欲前不能，欲去不敢，以半击倍，百战不殆。”

武侯问敌必可击之道。起对曰：“用兵必须审敌虚实而趋其危。敌人远来新至，行列未定，可击。既食，未设备，可击。奔走，可击。勤劳，可击。未得地利，可击。失时不从，可击。旌旗乱动，可击。涉长道，后行未息，可击。涉水半渡，可击。险道狭路，可击。陈数移动，可击。将离士卒，可击。心怖，可击。凡若此者，选锐冲之，分兵继之，急击勿疑。”

治兵第三

武侯问曰："用兵之道何先？"起对曰："先明四轻、二重、一信。"曰："何谓也？"对曰："使地轻马，马轻车，车轻人，人轻战。明知险易，则地轻马。刍秣以时，则马轻车。膏锏有余，则车轻人。锋锐甲坚，则人轻战。进有重赏，退有重刑，行之以信，审能达此，胜之主也。"

武侯问曰："兵何以为胜？"起对曰："以治为胜。"又问曰："不在众寡？"对曰："若法令不明，赏罚不信，金之不止，鼓之不进，虽有百万，何益于用？所谓治者，居则有礼，动则有威，进不可当，退不可追，前却有节，左右应麾，虽绝成陈，虽散成行，与之安，与之危，其众可合而不可离，可用而不可疲，投之所往，天下莫当，名曰父子之兵。"

吴子曰："凡行军之道，无犯进止之节，无失饮食之适，无绝人马之力。此三者，所以任其上令。任其上令，则治之所由生也。若进止不度，饮食不适，马疲人倦而不解舍，所以不任其上令，上令既废，以居则乱，以战则败。"

吴子曰："凡兵战之场，立尸之地，必死则生，幸生则死。其善将者，如坐漏船之中，伏烧屋之下，使智者不及谋，勇者不及怒，受敌可也。故曰：用兵之害，犹豫最大，三军之灾，生于狐疑。"

吴子曰："夫人当死其所不能，败其所不便，故用兵之法，教戒为先。一人学战，教成十人；十人学战，教成百人；百人学战，教成千人；千人学战，教成万人；万人学战，教成三军。以近待远，以逸待劳，以饱待饥，圆而方之，坐而起之，行而止之，左而右之，前而后之，分而合之，结而解之。每变皆习，乃授其兵，是谓将事。"

吴子曰："教战之令，短者持矛戟，长者持弓弩，强者持旌旗，勇者持金鼓，弱者给厮养，智者为谋主。乡里相比，什伍相保，一鼓整兵，二鼓习练，三鼓趋食，四鼓严办，五勉就行。闻鼓声合，然后举旗。"

武侯问曰："三军进止，岂有道乎？"起对曰："无当天灶，无当龙头，天灶者，大谷之口；龙头者，大山之端。必左青龙，右白虎，前朱雀，后玄武，招摇在上，从事于下。将战之时，审候风所从来。风顺致呼而从之，风逆坚陈以待之。"

武侯问曰："凡畜卒骑，岂有方乎？"起对曰："夫马，必安其处所，适其水草，节其饥饱。冬则温厩，夏则凉庑。刻剔毛鬣，谨落四下。戢其耳目，无令惊骇。习其驰逐，闲其进止，人马相亲，然后可使。车骑之具，鞍勒衔辔，必令完坚。凡马，不伤于末，必伤于始，不伤于饥，必伤于饱。日暮道远，必数上下。宁劳于人，慎无劳马。常令有余，备敌覆我。能明此者，横行天下。"

论将第四

吴子曰："夫总文武者，军之将也。兼刚柔者，兵之事也。凡人论将，常观于勇，勇之于将，乃数分之一尔。夫勇者必轻合，轻合而不知利，未可也。故将之所慎者五：一曰理，二曰备，三曰果，四曰戒，五曰约。理者，治众如治寡。备者，出门如见敌。果者，临敌不怀生。戒者，虽克如始战。约者，法令省而不烦。受命而不辞，敌破而后言返，将之礼也。故师出之日，有死之荣，无生之辱。"

吴子曰："凡兵有四机：一曰气机，二曰地机，三曰事机，四曰

力机。三军之众，百万之师，张设轻重，在于一人，是谓气机。路狭道险，名山大塞，十夫所守，千夫不过，是谓地机。善行间谍，轻兵往来，分散其众，使其君臣相怨，上下相咎，是谓事机。车坚管辖，舟利橹楫，士习战陈，马娴驰逐，是谓力机。知此四者，乃可为将。然其威、德、仁、勇，必足以率下。安众、怖敌、决疑、施令而下不敢犯，所在而寇不敢敌。得之国强，去之国亡，是谓良将。”

吴子曰：“夫鼙鼓金铎，所以威耳；旌旗麾帜，所以威目；禁令刑罚，所以威心。耳威于声，不可不清；目威于色，不可不明；心威于刑，不可不严。三者不立，虽有其国，必败于敌。故曰：将之所麾，莫不从移；将之所指，莫不前死。”

吴子曰：“凡战之要，必先占其将而察其才。因形用权，则不劳而功举。其将愚而信人，可诈而诱；贪而忽名，可货而赂；轻变无谋，可劳而困；上富而骄，下贫而怨，可离而间；进退多疑，其众无依，可震而走；士轻其将而有归志，塞易开险，可邀而取；进道易，退道难，可来而前；进道险，退道易，可薄而击；居军下湿，水无所通，霖雨数至，可灌而沈；居军荒泽，草楚幽秽，风飙数至，可焚而灭；停久不移，将士懈怠，其军不备，可潜而袭。”

武侯问曰：“两军相望，不知其将，我欲相之，其术如何？”起对曰：“令贱而勇者，将轻锐以尝之。务于北，无务于得，观敌之来，一坐一起，其政以理。其追北佯为不及，其见利佯为不知。如此将者，名为智将，勿与战矣。若其众讙哗，旌旗烦乱，其卒自行自止，其兵或纵或横，其追北恐不及，见利恐不得，此为愚将，虽众可获。”

应变第五

武侯问曰：“车坚马良，将勇兵强，猝遇敌人，乱而失行，则如之何？”起对曰：“凡战之法，昼以旌旗幡麾为节，夜以金鼓笳笛为节。麾左而左，麾右而右，鼓之则进，金之则止。一吹而行，再吹而聚，不从令者诛。三军服威，士卒用命，则战无强敌，攻无坚陈矣。”

武侯问曰：“若敌众我寡，为之奈何？”起对曰：“避之于易，邀之于厄。故曰，以一击十，莫善于厄；以十击百，莫善于险；以千击万，莫善于阻。今有少年卒起，击金鸣鼓于厄路，虽有大众，莫不惊动。故曰：用众者务易，用少者务隘。”

武侯问曰：“有师甚众，既武且勇，背大阻险，右山左水，深沟高垒，守以强弩，退如山移，进如风雨，粮食又多，难与长守。”对曰：“大哉问乎！此非车骑之力，圣人之谋也。能备千乘万骑，兼之徒步，分为五军，各军一衢。夫五军五衢，敌人必惑，莫知所加。敌人若坚守，以固其兵，急行间谍，以观其虑。彼听吾说，解之而去，不听我说，斩使焚书，分为五战。战胜勿追，不胜疾归。如是佯北，安行疾斗，一结其前，一绝其后，两军衔枚，或左或右，而袭其处。五军交至，必有其力，此击强之道也。”

武侯问曰：“敌近而薄我，欲去无路，我众甚惧，为之奈何？”对曰：“为此之术，若我众彼寡，分而乘之；彼众我寡，以方从之。从之无息，虽众可服。”

武侯问曰：“若遇敌于谿谷之间，傍多险阻，彼众我寡，为之奈何？”起对曰：“诸丘陵、林谷、深山、大泽，疾行亟去，勿得从容。若高山、深谷，卒然相遇，必先鼓噪而乘之，进弓与弩，且射且虏，审察其政，乱则击之，勿疑。”

武侯问曰："左右高山，地甚狭迫，卒遇敌人，击之不敢，去之不得，为之奈何？"起对曰："此为谷战，虽众不用，募吾材士，与敌相当，轻足利兵以为前行，分车列骑隐于四旁，相去数里，无见其兵，敌必坚陈，进退不敢。于是出旌列旆，行出山外营之，敌人必惧。车骑挑之，勿令得休。此谷战之法也。"

武侯问曰："吾与敌相遇大水之泽，倾轮没辕，水薄车骑，舟楫不设，进退不得，为之奈何？"起对曰："此为水战，无用车骑，且留其旁。登高四望，必得水情，知其广狭，尽其浅深，乃可为奇以胜之。敌若绝水，半渡而薄之。"

武侯问曰："天久连雨，马陷车止，四面受敌，三军惊骇，为之奈何？"起对曰："凡用车者，阴湿则停，阳燥则起，贵高贱下，驰其强车，若进若止，必从其道。敌人若起，必逐其迹。"

武侯问曰："暴寇卒来，掠吾田野，取吾牛羊，则如之何？"起对曰："暴寇之来，必虑其强，善守勿应。彼将暮去，其装必重，其心必恐，还退务速，必有不属。追而击之，其兵可覆。"

吴子曰："凡攻敌围城之道，城邑既破，各入其宫，御其禄秩，收其器物。军之所至，无刊其木、发其屋、取其粟、杀其六畜、燔其积聚，示民无残心。其有请降，许而安之。

励士第六

武侯问曰："严刑明赏，足以胜乎？"起对曰："严明之事，臣不能悉。虽然，非所恃也。夫发号布令而人乐闻，兴师动众而人乐战，交兵接刃而人乐死。此三者，人主之所恃也。"武侯曰："致之奈何？"对曰："君举有功而进飨之，无功而励之。"于是武侯设坐庙廷，为三

行飨士大夫，上功坐前行，肴席兼重器，上牢；次功坐中行肴，席器差减；无功坐后行肴，席无重器。飨毕而出，又颁赐有功者父母妻子于庙门外，亦以功为差。有死事之家，岁被使者劳赐其父母，著不忘于心。行之三年，秦人兴师，临于西河，魏士闻之，不待吏令，介胄而奋击之者以万数。

武侯召吴起而谓曰：“子前日之教行矣。”起对曰：“臣闻人有短长，气有盛衰。君试发无功者五万人，臣请率以当之。脱其不胜，取笑于诸侯，失权于天下矣。今使一死贼伏于旷野，千人追之，莫不枭视狼顾。何者？忌其暴起而害己。是以一人投命，足惧千夫。今臣以五万之众，而为一死贼，率以讨之，固难敌矣。”于是武侯从之，兼车五百乘，骑三千匹，而破秦五十万众，此励士之功也。先战一日，吴起令三军曰：“诸吏士当从受敌，车骑与徒，若车不得车，骑不得骑，徒不得徒，虽破军皆无易。”故战之日，其令不烦，而威震天下。

注：《吴子兵法》《汉书·艺文志》著录四十八篇，但在流传中不断流失，今仅存以上六篇，据史学界考证，疑为后人根据《吴子兵法》的断简残篇加工整理而成。

《吴子》译文

图国第一

吴起穿着儒生的服装，以兵法进见魏文侯。

文侯说：“我不爱好军事。”

吴起说：“我从表面现象推测您的意图，从您过去的言行观察您将来的抱负，您为什么要言不由衷呢？现在您一年到头杀兽剥皮，在皮革上涂以红漆，给以色彩，烫上犀牛和大象的图案。［若用来做衣

服，] 冬天穿着不暖和，夏天穿着不凉快。制造的长戟达二丈四尺，短戟达一丈二尺。用皮革把重车护起来，车轮车毂也加以覆盖，这看在眼里并不华丽，坐着去打猎也不轻便，不知您要这些东西做什么？如果说您准备用来作战，却又不去寻求会使用它们的人。这就好像孵雏的母鸡去和野猫搏斗，吃奶的小狗去进犯老虎，虽有战斗的决心，随之而来的必然是死亡。从前承桑氏的国君，只许文德，废弛武备，因而亡国。有扈氏的国君仗着兵多，恃勇好战，[不修文德，] 也丧失了国家。贤明的君主有鉴于此，必须对内修明文德，对外做好战备。所以，面对敌人而不敢进战，这说不上是义；看着阵亡将士的尸体而悲伤，这说不上是仁。"

于是文侯亲自设席，夫人捧酒，宴请吴起于祖庙，任命他为大将，主持西河防务。后来，吴起与各诸侯国大战七十六次，全胜六十四次，其余十二次也难分胜负。魏国向四面扩张领土达千里，都是吴起的功绩！

吴起说："从前谋求治好国家的君主，必先教育'百姓'，亲近'万民'。在四种不协调的情况下，不宜行动：国内意志不统一，不可以出兵；军队内部不团结，不可以上阵；临战阵势不整齐，不可以进战；战士行动不协调，不可能取得胜利。因此，英明的君主，准备用他的民众去作战的时候，必先搞好团结然后才进行战争。虽然如此，他还不敢自信其谋划的正确，必须祭告祖庙，占卜凶吉，参看天时，得到吉兆然后行动。让民众知道国君爱护他们的生命，怜惜他们的死亡，做到这样周到的地步，然后再率领他们去打仗，他们就会以尽力效死为光荣，以后退偷生为耻辱了。"

吴起说："'道'是用来恢复人们善良的天性的。'义'是用来建

功立业的。‘谋’是用来趋利避害的。‘要’是用来巩固、保全事业成果的。如果行为不合于‘道’，举动不合于‘义’，而掌握大权，分居要职，必定祸患无穷。所以，‘圣人’用‘道’来安抚天下，用‘义’来治理国家，用‘礼’来动员民众，用‘仁’来抚慰民众。这四项美德发扬起来国家就兴盛，废弃了国家就衰亡。所以，商汤讨伐夏桀夏民很高兴，周武王讨伐殷纣殷人却不反对。这是由于他们进行的战争，顺乎天理，合乎人情，所以才能这样。”

吴起说：“凡治理国家和军队，必须用礼来教育人们，用义来勉励人们，使人们鼓起勇气。人们有了勇气，力量强大就能出战，力量弱小也能坚守。然而取得胜利比较容易，巩固胜利却很困难。所以说，天下从事战争的国家，五战五胜的，会招来祸患；四战四胜的，会国力疲弊；三战三胜的，可以称霸；二战二胜的，可以称王；一战一胜的，可以成就帝业。因此，靠多次战争的胜利而取得天下的少，由此而亡国的却很多。”

吴起说：“战争的起因有五种：一是争名，二是争利，三是积仇，四是内乱，五是饥荒。用兵的性质也有五种：一是义兵，二是强兵，三是刚兵，四是暴兵，五是逆兵。禁暴除乱，拯救危难的叫义兵，仗恃兵多，征伐别国的叫强兵，因怒兴兵的叫刚兵，背理贪利的叫暴兵，不顾国乱士疲，兴师动众的叫逆兵。对付这五种不同性质的用兵，各有不同的方法，对义兵必须用道理折服它，对强兵必须用谦让悦服它，对刚兵必须用言辞说服它，对暴兵必须用计谋制服它，对逆兵必须用威力压服它。”

武侯对吴起说：“我想知道关于治理军队、统计人口、巩固国家的方法。”吴起回答说：“古时贤明的国君，必严守君臣间的礼节，讲

究上下间的法度，使吏民各得其所，按习俗进行教育，选募能干的人，以防不测。从前齐桓公招募勇士五万，赖以称霸诸侯。晋文公招集勇士四万作为前锋，以得志于天下，秦穆公建立冲锋陷阵的部队三万，用以制服邻近的敌国。所以，发奋图强的君主，必须查清人口，把勇敢强壮的人，编为一队。把乐意效命显示忠勇的人，编为一队。把能攀高跳远、轻快善走的人，编为一队。把因罪罢官而想立功报效的人，编为一队。把曾弃守城邑而想洗刷耻辱的人，编为一队。这五种编队都是军队中的精锐部队。如果有这样三千人，由内出击可以突破敌人的包围，由外进攻，可以摧毁敌人的城邑。”

武侯说：“我想知道能使阵必定、守必固、战必胜的方法。”吴起答：“立即看到成效都可以，岂止是知道而已！您能将有才德的人加以重用，没有才德的人不予重用，那么阵就已稳定了。民众安居乐业，亲敬官吏，那么守备就已巩固了。百姓都拥护自己的国君，而反对敌国。那么战争就已胜利了。”

武侯曾经和群臣商议国事，群臣的见解都不如他，他退朝以后面有喜色。吴起进谏说：“从前楚庄王曾经和群臣商议国事，群臣都不及他，他退朝后面有忧色。申公问他：‘您为什么面有忧色呢?’楚庄王说：‘我听说世上不会没有圣人，国家不会缺少贤人，能得到他们做老师的，可以称王，得到他们做朋友的，可以称霸。现在我没有才能，而群臣还不如我，楚国真危险了。’这是楚庄王所忧虑的事，您却反而喜悦，我私下深感忧惧。”于是武侯表示很惭愧。

料敌第二

武侯对吴起说：“今秦国威胁着我西部，楚国围绕着我南部，赵

国面对着我北部，齐国紧逼着我东部，燕国阻断我的后面，韩国据守在我的前面，六国军队四面包围着我们，形势非常不利，我对此很忧虑，该怎么办呢?”

吴起答：“保障国家安全的方法，先有戒备是最重要的。现在您已经有了戒备，离祸患就远了。请允许我分析一下六国军阵的情况，齐国阵势庞大但不坚固，秦国阵势分散但能各自为战，楚国阵势严整但不能持久，燕国阵势长于防守但不善于机动，韩、赵阵势整齐但不顶用。”

“齐国人性情刚强，国家富足，君臣骄奢，忽视民众利益，政令松弛而待遇不均，一阵之中人心不齐，兵力部署前重后轻，所以阵势庞大但不坚固。打它的方法，必须把我军区分为三部，各以一部侧击其左右两翼，另以一部乘势从正面进攻，它的阵势就可以攻破了。秦国人性情强悍，地形险要，政令严格，赏罚严明，士卒临阵争先恐后，斗志旺盛，所以能在分散的阵势中各自为战。打它的方法首先以利诱它，当其士卒因争利而脱离其将领掌握时，就乘混乱打击其零散的部队，并设置伏兵，伺机取胜，它的将领就可以擒获。楚国人性情柔弱，领土广大，政令紊乱，民力疲困，所以阵势虽然严整但不能持久，打它的方法，要袭扰它的驻地，先挫折它的士气，然后突然进击，突然撤退，使其疲于应付，不要和它决战，这样就可打败它的军队。燕国人性情诚实，行动谨慎，好男尚义，缺少诈谋，所以善于固守而不善于机动。打它的方法，是一接触就压迫它，打一下就撤走，并奔袭它的后方，这样，就会使它上下疑惧，再将我车骑埋伏在敌人撤退必经的道路上，它的将领就可被我俘虏。韩赵是中原的国家，其民性温顺，其政令平和，其民众疲于残祸，久经战争，轻视其将帅，不满其待遇，士无死忠，所以，阵势虽然整齐但不中用，打它的方法，用坚强的阵势迫近它，敌众来攻就阻击它，敌人退却就追击它，这样来疲惫它的军队。这是六国的大概形势。”

“既然这样，那么我全军之中，就必定有‘虎贲’之士，其力气之大可以轻易举鼎，行动轻捷能够追及战马。在战斗中，夺取敌旗，斩杀敌将，必须这样有能力的人。这样的人才，必须选拔出来，爱护并重用他们，他们就是军队的精华。凡有善于使用各种兵器、身强力壮、动作敏捷、志在杀敌的，一定要加官晋爵，这样就可以用他们来决战。优待其父母妻子，用奖赏鼓励他们，用惩罚警诫他们，使他们成为加强阵势的骨干，用以进行持久战斗。若能清楚地了解这些问题，就可以打败成倍的敌人了。”

武侯说：“很好。”

吴起说：“判断敌情，不必占卜就可与其交战的，有八种情况。一是在大风严寒中，昼夜行军，伐木渡河，不顾部队艰难的。二是在盛夏炎热，出发很迟，途中不休息，行军急速，又饥又渴，只顾赶往远地的。三是出兵已久，粮食用尽，百姓怨怒，谣言屡起，将领不能制止的。四是军资耗尽，柴草不多，阴雨连绵，无处可掠夺的。五是兵力不多，水土不服，人马多病，四邻援军未到的。六是路远日暮，部队疲劳恐惧，困倦未食，解甲休息的。七是将吏无威信，军心不稳定，三军屡次惊慌，而又孤立无援的。八是部署未定，宿营未毕，翻山越险只过了一半的。遇到这类情况，都应迅速进击，不要迟疑。”

“不必占卜而应避免和敌人作战的情况有六种。一是土地广大，人口众多而且富足的。二是上爱其下，恩惠普及的。三是赏罚严明，行动及时的。四是论功叙位，任用贤能的。五是军队众多，装备精良的。

六是有四邻帮助，大国支援的。凡是这些条件都不如敌人时，就应避免和它作战而不必迟疑，这就是所谓见可而进，知难而退。”

武侯问：“我想通过观察敌人的外部表现来了解它的内部情况，从观察敌人的行动来了解它的真实意图，从而判定胜负，你可以 [把这个要领] 说给我听听吗?”

吴起答：“敌人来时行动散漫而无顾虑，旗帜纷乱不整，人马东张西望，这样以一击十，就可使敌人惊慌失措。敌人各路军队尚未会师，君臣意见不合，工事未完成，禁令未实施，三军吵吵嚷嚷，想前进不能前进，想后退不能后退，在这种情况下以半击倍，可以百战不败。”

武侯问敌人在什么情况下，我军可以打击它呢?

吴起答：“用兵必须查明敌人的虚实而冲击它的弱点。敌人远来新到，部署未定，可打。刚吃完饭，还未戒备，可打。慌乱奔走的，可打。疲劳的，可打。没有占据有利地形的，可打。天候季节对敌不利的，可打。部队混乱的，可打。经长途行军，其后队尚未得到休息的，可打。涉水半渡的，可打。通过险道隘路的，可打。阵势频繁移动的，可打。将帅脱离部队的，可打。军心恐怖的，可打。凡是遇着上述情况，就应先派精锐的部队冲向敌人，并继续派遣兵力接应它，必须要迅速进击，不可迟疑。”

治兵第三

武侯问：“进兵的方法什么是首要的?”

吴起答：“首先要懂得四轻、二重、一信。”

武侯又问：“这话怎么讲呢?”

吴起说："[四轻] 就是地形便于驰马，马便于驾车，车便于载人，人便于战斗。了解地形的险易，[善于利用] 地形，就便于驰马。饲养适时，马就便于驾车。车轴经常保持润滑，车就便于载人。武器锋利，铠甲坚固，人就便于战斗。[二重] 就是近战有重赏，后退有重刑。[一信] 就是赏罚必信。确能做到这些，就掌握了胜利的主要条件。"

武侯问："军队靠什么打胜仗?"

吴起答："治理好军队就能打胜仗。"

又问："不在于兵力多少吗?"

吴起答："如果法令不严明，赏罚无信用，鸣金不停止，擂鼓不前进，虽有百万之众，又有什么用处? 所谓治理好，就是平时守礼法，战时有威势，前进时锐不可当，后退时速不可追，前进后退有节制，左右移动听指挥，虽被隔断仍能保持各自的阵形，虽被冲散仍能恢复行列。上下之间同安乐、共患难，这种军队，能团结一致而不会离散，能连续作战而不会疲惫，无论用它指向哪里，谁也不能阻挡。这叫父子兵。"

吴起说："一般用兵作战的原则，不要打乱前进和停止的节奏，不要耽误适时供给饮食；不要耗尽人马的体力。这三项是为了使军队保持充分的体力，能胜任上级赋予的使命。使军队能胜任其上级赋予的使命，就是治军的基础。如果前进和停止没有节奏；饮食不能适时供给，人马疲惫不得休息，军队就不能胜任其上级所赋予的使命，上级的命令就不能实施，驻守必然混乱，作战必定失败。"

吴起说："凡两军交战的场所，都是流血牺牲的地方。抱必死决心就会闯出生路，侥幸偷生就会遭到灭亡。所以，善于指挥作战的将领，要使部队就像坐在漏船上，伏在烧屋之下那样，急迫地采取行动。

[因为在这种紧急情况下,] 即使机智的人，也来不及去周密谋划，勇敢的人也来不及去振奋军威，只能当机立断，奋力拼搏，[才可保全自己，打败敌人。] 因此说，用兵的害处，犹豫最大，全军失利，多半产生于迟疑。”

吴起说：“士卒在战斗中往往死于没有技能，败于不熟悉战法。所以用兵的方法首先是训练。一人学会战斗本领了，可以教会十人。十人学会，可以教会百人。百人学会，可以教会千人。千人学会，可以教会万人。万人学会，可以教会全军。[在战法上,] 以近待远，以逸待劳，以饱待饥。[在阵法上,] 圆阵变方阵，坐阵变立阵，前进变停止，向左变向右，向前变向后，分散变集结，集始变分散。各种变化都熟悉了，才授以兵器。这些都是将领应该做的事情。”

吴起说：“教战的法则，身体矮的拿矛戟，身体高的用弓弩，强壮的扛大旗，勇敢的操金鼓，体弱的担任饲养，聪明的出谋划策，同乡同里的编在一起，同什同伍的互相联保。[军队行动的信号:] 打一通鼓，整理兵器。打两通鼓，练习列阵。打三通鼓，迅速就餐。打四通鼓，整装待发。打五通鼓，站队整列。鼓声齐鸣，然后举旗 [指挥军队行动]。”

武侯问道：“军队前进、停止，有一定的原则吗?”

吴起答：“不要在‘天灶’扎营，不要在‘龙头’上驻兵。所谓天灶，就是大山谷的口子。所谓龙头，就是大山的顶端。军队指挥，必须左军用青龙旗，右军用白虎旗，前军用朱雀旗，后军用玄武旗，中军用招摇旗在高处指挥，军队在其指挥下行动。临战时，还要观察风向，顺风时就乘势进击，逆风时就坚阵固守，等待变化。”

武侯问：“驯养军马，有什么方法呢?”

吴起答："军马，饲养处所要安适，水草要喂得适当，饥饱要有节制。冬天要保持马厩的温暖，夏天要注意马棚的凉爽。经常剪刷鬃毛。细心铲蹄钉掌，让它熟悉各种声音和颜色，使其不致惊骇。练习奔驰追逐，熟悉前进、停止的动作，做到人马相亲，然后才能使用。挽马和乘马的装具，如马鞍、笼头、嚼子、缰绳等物，必使其完整坚固。凡马匹不是伤于使用结束时，就是伤于使用开始时。不伤于过饥，就伤于过饱。当天色已晚路程遥远时，就须使乘马与步行交替进行。宁可人疲劳些，不要使马太劳累。要经常保持马有余力，以防敌之袭击。能够懂得这些道理的，就能天下无敌。"

论将第四

吴起说："文武兼备的人，才可以胜任将领。能刚柔并用，才可以统军作战。一般人对于将领的评价，往往是只看他的勇敢，其实勇敢对于将领来说，只是应该具备的若干条件之一。单凭勇敢，必定会轻率应战，轻率应战而不考虑利害是不可取的。所以，将领应当注重的有五件事：一是理，二是备，三是果，四是戒，五是约。理，是说治理众多的军队好像治理少数军队一样的有条理。备，是说部队出动就像面对敌人一样的有戒备。果，是说临阵对敌不考虑个人的死生。戒，是说虽然打了胜仗还是如同初战时那样慎重。约，是说法令简明而不烦琐。受领任务绝不推诿，打败了敌人才考虑回师，这是将领应遵守的规则。所以自出征那一天起，将领便应下定决心，宁可光荣战死，绝不忍辱偷生。"

吴起说："用兵有四个关键：一是掌握士气，二是利用地形，三是运用计谋，四是充实力量。三军之众，百万之师，掌握士气的盛

衰，在于将领一人，这是掌握士气的关键。利用狭路险道，名山要塞十人防守，千人也不能通过，这是利用地形的关键。善于使用间谍离间敌人，派遣轻装部队，反复骚扰敌人，以分散其兵力，使其君臣互相埋怨，上下互相责难，这是运用计谋的关键。战车的轮轴插销要做得坚固，船只的橹、桨要做得适用，士卒要熟习战阵，马匹要熟练驰骋，这就是充实力量的关键。懂得这四个关键，才可以为将。而且他的威信、品德、仁爱、勇敢，都必须足以表率全军，安抚士众，威慑敌军，决断疑难。发布的命令，部属不敢违犯，所到的地方，敌人不敢抵抗。得到 [这样的将领] 国家就强盛，失去他，国家就危亡。这就叫作良将。”

吴起说：“鼙鼓金铎，是用来指挥军队的听觉号令。旌旗麾帜，是用来指挥军队的视觉号令。禁令刑罚，是用未约束全军的法纪。耳朵听命于声音，所以声音不可不清楚。眼睛听命于颜色，所以颜色不可不鲜明。军心受拘束于刑罚，所以，刑罚不可不严格。三者如果不确立，虽有国家必败于敌。所以说，将领所发布的命令，部队没有不依令而行的。将领所指向的地方，部队没有不拼死向前的。”

吴起说：“一般作战最重要的是，首先探知敌将是谁，并充分了解他的才能。根据敌人情况，采取权变的方法，不费多大力气，就可取得成功。敌将愚昧而轻信于人，可用欺骗的手段来引诱他。敌将贪利而不顾名誉，可用财物收买他。轻率变更计划而无深谋远虑的，可以疲困他。上级富裕而骄横，下级贫穷而怨愤的，可以离间它。进退犹豫不决，部队无所适从的，可震撼吓跑它。士卒藐视其将领而急欲回家的，就堵塞平坦道路，佯开险阻道路，用拦击消灭它。敌人进路平易，退路艰难，可引诱它前来予以消灭。敌人进路艰难，退路平易，

可以迫近攻击它。敌人处于低洼潮湿的地方，水道不通，大雨连绵，可以灌水淹没它。敌军处于荒芜的沼泽地，草木丛生，常有狂风，可用火攻消灭它。敌军久住一地而不移动，官兵懈怠，戒备疏忽，可以偷袭它。”

武侯问：“两军对阵，不知敌将的才能，想要查明，用什么方法？”

吴起答：“令勇敢的下级军官，率领轻锐部队去试攻敌人。务必败退，不要求胜，以观察敌人前来的行动。如果敌人每次前进和停止，指挥都有条不紊，追击假装追不上，见到战利品装做没看见，像这样的将领是有智谋的，不要和他交战。如果敌人喧哗吵闹，旗帜纷乱，士卒自由行动，兵器横七竖八，追击唯恐追不上，见利唯恐得不到，这是愚昧的将领，敌军虽多也可以把他擒获。”

应复第五

武侯问：“战车坚固，马匹驯良，将领勇敢，士卒强壮，突然遭遇敌人，乱得不成行列，该怎么办？”

吴起答：“一般作战的方法，白天用旌旗幡麾来指挥，夜间用金鼓笳笛来指挥。指挥向左就向左，指挥向右就向右。擂鼓就前进，鸣金就停止。第一次吹笳笛就出动，第二次吹笳苗就会合，不听号令的就杀。三军畏服威严，士卒听从命令，这样，就没有打不败的强敌，没有攻不破的坚阵。”

武侯问：“如果敌众我寡，怎么办呢？”

吴起答：“在平坦地形上避免和它作战，而要在险要地形上截击它，所以说，以一击十，最好是利用狭窄隘路；以十击百，最好是利

用险要地形；以千击万，最好是利用阻绝地带。如果用少数兵力，突然出击，在狭隘道路上击鼓鸣金，敌人虽多，也莫不惊慌骚动。所以说，使用众多兵力，务必选择平坦地形；使用少数兵力，务必选择险要地形。”

武侯问：“敌人很多，既有良好训练，又很勇敢，背靠高山，前临险要，右依山，左靠水；深沟高垒，强弩守备，后退稳如山移，前进急如风雨，粮食又很充足，很难与它长久相持，应该怎么办呢?”吴起答：“您提的问题很大啊! 这不能单靠车骑的力量，而要靠高明的计谋才能取胜的。如能准备战车千辆，骑兵万人，加上步兵，区分为五支军队，每支军队担任一个方向，五支军队分为五个方向，敌人必然发生迷惑，不知我将要打它哪里。如果敌人坚强防守，以巩固它的军队，我就立刻派出军使去摸清它的意图。假如敌人听我劝说而撤兵，我也撤兵离开。如不听劝告，反而杀我使节，烧我的书信，就五路进攻。战胜不要追击，不胜就迅速撤回。如果要假装败退，引诱敌人，就应以一军稳妥地行动，急剧地战斗，其他四军，一军牵制敌人前方，一军断绝敌人后路，另以两军秘密行动，从左右两侧，袭击敌人据守的地方。五军合击，必然形成有利态势，这就是打击强敌的方法。”

武侯问道：“敌人接近，迫我交战，我想摆脱它而没有去路，军心很恐惧，应该怎么办呢?”

吴起答：“解决这一问题的方法，如果我众敌寡，可以分兵包围敌人，如果敌众我寡，可以集中兵力袭击敌人，不断地袭击它，敌人虽多也可制服。”

武侯问：“如在溪谷之间和敌人遭遇，两旁都是险峻地形，而且敌众我寡，应该怎么办呢?”

吴起答："遇到丘陵、森林、谷地、深山、大泽等不利地形，都应迅速通过，不要迟缓。如果在高山深谷突然与敌遭遇，必先击鼓呐喊，乘势冲乱敌人，再把弓弩手挺进到前面，一面戒备，一面考虑计谋，并观察敌人的阵势是否混乱，如发现敌军混乱，就毫不迟疑地全力发起进攻。"

武侯问："左右是高山，地形很狭窄，突然与敌遭遇，既不敢进攻，又不能退走，应该怎么办呢？"

吴起答："这叫谷地战，兵力虽多也用不上，应挑选精锐士卒与敌对抗，用轻捷善走的士卒持锐利的武器作为前锋，而把车骑分散隐蔽在四周，与前锋距离几里，不要暴露自己的兵力，这样敌人必然坚守阵地，不敢前进，也不敢后退。这时，[我以一部兵力]张列旗帜，走出山外，迷惑扰乱敌人，敌人必然恐惧，然后再用车骑向敌挑战，使其不得休息。这就是谷地战的方法。"

武侯问道："我与敌相遇于大水汇聚的地方，水势倾陷了车轮，淹没了车辕，车骑都有被洪水吞没的危险，又没有准备船只，前进后退都困难，应该怎么办呢？"

吴起答："这叫水战，车骑无法使用，暂且把它留在岸边。登高观察四方，一定要弄清水情，了解水面的宽窄，查明水的深浅，才可以出奇制胜。敌人如果渡水而来，就乘其半渡打击它。"

武侯问道："阴雨连绵，车马难行，四面受敌，全军惶恐，应该怎么办？"

吴起答："凡是用战车作战的，阴雨泥泞就停止，天晴地干就行动，要选择高处避开低处行动。要使战车迅速行驶，不论前进或停止，都必须利用道路。如果有敌人战车行动，就可以沿着它的车迹行动。"

武侯问道："强暴的敌人，突然到来，掠夺我的庄稼，抢劫我的牛羊，该怎么办呢？"

吴起答："强暴的敌人前来，必须考虑它的强大，应严加防守，不要应战，待敌人傍晚撤走时，它的装载必然沉重，心理必然恐惧，退走力求迅速，必有互不联系的地方。这时进行追击，就可歼灭它。"

吴起说："一般围攻敌城的原则，是城邑既被攻破，就分别进驻它的官府，控制和使用其原来的官吏，没收它的物资。军队所到之处，不准砍伐树木、毁坏房屋、擅取粮食、宰杀牲畜、焚烧仓库，以表明对民众无残暴之心。如有请降的，应允许并安抚他们。"

励士第六

武侯问道："赏罚严明就足以打胜仗了吗？"

吴起答："赏罚严明这件事，我不能详尽地说明，虽然这很重要，但不能完全依靠它。发号施令，人们乐于听从，出兵打仗，人们乐于参战，冲锋陷阵，人们乐于效死。这三点，才是君主所应该依靠的。"

武侯说："怎样才能做到呢？"

吴起答："您选拔有功人员，举行盛大宴会款待他们，这对无功的人也是一种勉励。"

于是武侯设席于祖庙，分三排座位宴请士大夫。立上等功的坐前排，用上等酒席和珍贵餐具，猪、牛、羊三牲俱全。二等功的坐中排，酒席、餐具较为差些。没有功的坐后排，只有酒席，没有贵重餐具。宴后出来，又在庙门外赏赐有功人员的父母妻子，也按功劳大小而分差列。对于死难将士的家属，每年派人慰问、赏赐他们的父母，表示心里没有忘记他们。

这个办法实行了三年之后，秦国出兵到达魏国的西河边境，魏国的士卒听到这一消息，不待官吏的命令，就自动穿戴盔甲奋勇抗敌的数以万计。

于是武侯召见吴起说："您以前教我的办法，现在见到成效了。"

吴起说："我听说人有短处有长处，士气也有盛有衰。您不妨试派五万名没有立过功的人，让我率领去抵挡秦军，如果不胜，就会被诸侯讥笑，丧失权威于天下了。[但这是不会发生的。所以我敢去尝试。] 譬如现在有一个犯了死罪的盗贼，隐伏在荒郊旷野，派一千人去追捕他，没有一个不瞻前顾后的。这是为什么呢？是怕他突然跳出来伤害了自己。所以一个人拼命，足使千人畏惧。现在我这五万人都像那个盗贼一样，率领他们去征讨敌人，敌人就很难抵挡了。"

于是武侯采纳了吴起的意见，并加派战车五百辆，战马三千匹，大破秦军五十万人。这就是激励士气的效果。

在作战的前一天，吴起命令三军说："众吏士应当听从命令去和敌人战斗，无论车兵、骑兵和步兵，如果车兵不能缴获敌人的战车，骑兵不能俘获敌人的骑兵，步兵不能俘获敌人的步兵，即使打败敌人，都不算有功。"所以作战那天，他的号令不多，却战果辉煌，威震天下。

附录三

吴起生平大事年表

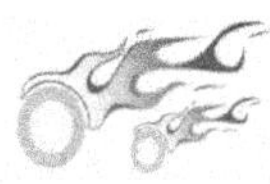

吴起生平大事年表

约周考王元年（约前 440）

吴起出生于卫国。

周考王八年（前 433）

晋公室卑弱，晋幽公反而朝见魏、赵，韩之君。

周威烈王七年（前 419）

魏国在少梁筑城，秦军攻少梁。

周威烈王八年（前 418）

秦、魏两军战于少梁。

约周威烈王十年（前 416）

吴起离开卫国，到鲁国游学求仕。先投于曾申门下学儒，后又自学兵法。

魏文侯已任用李悝实行变法。

周威烈王十三年（前 413）

魏军击败秦军于郑。

周威烈王十四年（前 412）

齐宣公发兵攻取鲁国的莒及安阳。

魏军攻占秦国的繁庞，逐出城中居民。

周威烈王十五年（前 411）

齐军攻占鲁国一城。

鲁穆公任命吴起为将。吴起率军大破齐军。

周威烈王十六年（前 410）

鲁穆公听信谗言，罢免吴起将职。吴起离鲁入魏。

周威烈王十七年（前 409）

魏文侯任吴起为将。吴起率军攻秦，夺取临晋、元里二城。

周威烈王十八年（前 408）

吴起率军击破秦军，攻占洛阴、郃阳等城。至此，魏国完全夺取秦国河西地。秦国退守洛水以西，筑重泉城防守。

魏将乐羊率军越赵国之境攻中山。吴起参加攻中山的战争。

周威烈王十九年（前 407）

魏军继续攻中山。

周威烈王二十年（前 406）

魏军攻灭中山。

魏设西河郡。魏文侯任命吴起为西河郡守，防备秦、韩进攻。

周威烈王二十二年（前 404）

魏国联合韩、赵两国出兵伐齐，攻入齐长城。

周威烈王二十三年（前 403）

魏、赵、韩正式列为诸侯。

周安王六年（前 396）

魏文侯卒。魏武侯继位。

吴起继续任西河郡守。

周安王十一年（前 391）

魏国联合韩、赵两国出兵攻楚，大破楚军于大梁、榆关。

楚国厚赂秦国，促使秦出兵攻韩。

周安王十二年（前 390）

魏武侯听信王错谗言，免去吴起西河郡守之职，召吴起入魏都。

吴起为避杀身之祸，离魏入楚（一说吴起离魏在周安王十九年）。

吴起镇守西河期间，创建魏“武卒”；对外作战，屡获胜利，“秦兵不敢东向，韩、赵宾从”；写成《吴子兵法》。

楚悼王任命吴起为宛守。

周安王十三年（前 389）

吴起升任楚令尹，掌军政大权，主持变法。

秦军进攻魏国的阴晋。

周安王十五年（前 387）

魏攻秦，被秦军击败。

周安王十七年（前 385）

魏国在河西的洛阴，河东的安邑、王垣等地筑城，防备秦军东侵。

周安王十九年（前 383）

赵攻卫，卫向魏国求救，魏出兵大败赵军于兔台。

周安王二十年（前 382）

齐、魏出兵助卫攻赵，卫夺取赵的刚平，攻至中牟。

周安王二十一年（前381）

赵求救于楚，楚出兵救赵伐魏，攻至黄河边，大破魏军。

此前，楚已攻取百越之地，使楚国南部疆域扩展到今广西的苍梧一带。

楚悼王卒。楚旧贵族乘机叛乱，射杀并车裂吴起。